课本里的作家

课本里的作家

海的女儿

叶君健／译、著

山东教育出版社
·济南·

图书在版编目（CIP）数据

海的女儿 / 叶君健译、著 . — 济南 : 山东教育出版社，
2023.3（2023.4 重印）

（爱阅读·课本里的作家）

ISBN 978-7-5701-2497-8

Ⅰ．①海… Ⅱ．①叶… Ⅲ．①阅读课—小学—教学参
考资料 Ⅳ．①G624.233

中国国家版本馆 CIP 数据核字（2023）第 043538 号

HAI DE NÜER

海的女儿

叶君健　译、著

主管单位：山东出版传媒股份有限公司

出版发行：山东教育出版社

地址：济南市市中区二环南路 2066 号 4 区 1 号　邮编：250003

电话：（0531）82092600　　　网址：www.sjs.com.cn

印　　刷：天津泰宇印务有限公司

版　　次：2023 年 3 月第 1 版

印　　次：2023 年 4 月第 2 次印刷

开　　本：700 mm × 1000 mm　1/16

印　　张：12

字　　数：145 千

定　　价：35.80 元

（如印装质量有问题，请与印刷厂联系调换）

印厂电话：022-29649190

斗蟋蟀

　　他看见蟋蟀从厨房里轻轻地走出来——走得很吃力，似乎它的腿也有点毛病。但它终于走到他面前来了，而且还爬到他身边，跳到他的右手背上，望着他。

他这时感到非常饿，所以他就想把烤羊肉拿来吃，但没有想到，他刚一伸手，烤羊肉也变成了金的。"幸福"的米德斯国王这才感到有些狼狈了。

孩子睁着一对惊恐的眼睛，望了望这对夫妇，接着又望了望大门——门洞那儿是一片漆黑：他本能地要想逃走，马上找个地方藏躲起来。

小画家

他面对着洗碗池上边那个长长的小窗子，正在聚精会神地画一张速写。他完全没有注意到我们进来。甚至当我们走近他身边的时候，他也不知道。

李明一把抱住王老师，扑到她怀里，呜咽地哭起来。这种意外的行为可把赵大叔和王秀珍老师吓坏了。他们以为他出了什么事故，非常惊慌。

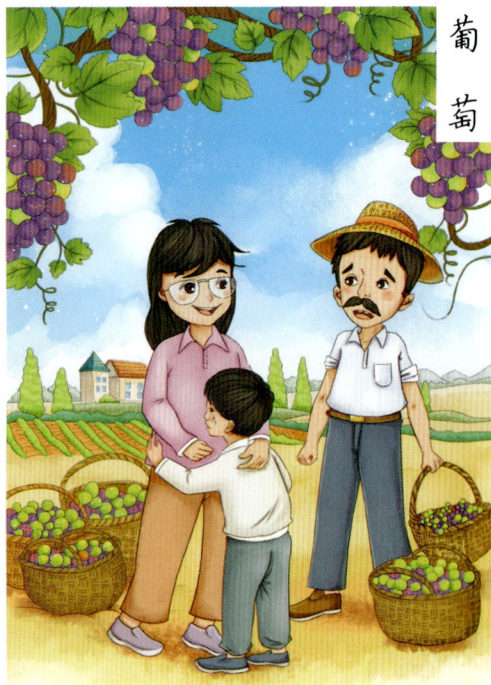

葡萄

米卡布的海岛

这时，他们看到水中有个黑乎乎的东西游过来，水面上冒出一个灰色的脑袋，一条红赤赤的舌头和一根长长的尾巴——尾巴尖上还有一大堆蓬松的毛。

总序

　　北京书香文雅图书文化有限公司的李继勇先生与我联系，说他们策划了一套《爱阅读·课本里的作家》丛书，读者对象主要是中小学生，可以作为学生的课外阅读用书，希望我写篇序。作为一名语文教育工作者，在中共中央办公厅、国务院办公厅印发《关于进一步减轻义务教育阶段学生作业负担和校外培训负担的意见》（以下简称"双减"）的大背景下，为学生推荐这套优秀课外读物责无旁贷，也更有意义。

一、"双减"以后怎么办？

　　"双减"政策对义务教育阶段学生的作业和校外培训作出严格规定。我认为这是一件好事。曾几何时，我们的中小学生作业负担重，不少学生不是在各种各样的培训班里，就是在去培训班的路上。学生"学"无宁日，备尝艰辛；家长们焦虑不安，苦不堪言。校外培训机构为了增强吸引力，到处挖掘优秀教师资源，有些老师受利益驱使，不能安心从教。他们的行为破坏了教育生态，违背了教育规律，严重影响了我国教育改革发展。教育是什么？教育是唤醒，是点燃，是激发。而校外培训的噱头仅仅是提高考试成绩，让学生在中高考中占得先机。他们的广告词是"提高一分，干掉千人"，大肆渲染"分数为王"，在这种压力之下，学生面对的是"分萧萧兮题海寒"，不得不深陷题海，机械刷题。假如只有一部分学生上培训班，提高的可能是分数。但是，如果大多数学生或者所有学生都去上培训班，那提高的就不是分数，而只是分数线。教育的根本任务是立德树人，是培根铸魂，是启智增慧，是让学生的德智体美劳全面发展，是培养社会主义建设者和接班人，是为中华民族伟大复兴提供人才，而不是培养只会考试的"机器"，更不能被资本所"绑架"。所以中央才"出重拳""放实招"，目的就是要减轻学生过重的课业负担，减轻家长过重的经济和精神负担。

　　"双减"政策出台后，学生们一片欢呼，再也不用在各种培训班之间来回奔波了，但家长产生了新的焦虑：孩子学习成绩怎么办？而对学校老师来说，这是一个新挑战、新任务，当然也是新机遇。学生在校时间增加，要求老师提升教学水平，科学合理布置作业，同时开展课外延伸服务，事实上是老师陪伴学生的时间增加了。这部分在校时间怎么安排？如何让学生利用好课外时间？这一切考验着老师们的智慧。而开展各种课外活动正好可以解决这个难题。比如：热爱人文的，可以开展阅读写作、演讲辩论，学习传统文化和民风民俗等社团活动；喜爱数理的，可以组织科普科幻、实验研究、统计测量、天文观测等兴趣小组；也可以开展体育比赛、艺术体验（音乐、美术、书法、戏剧……）和劳动教育等实践活动。当然，所有的活动都应以培养学生的兴趣爱好为目的，以自愿参加为前提。学校开展课后服务，可以多方面拓展资源，比如博物馆、图书馆、科技馆、陈列馆、少年宫、青少年活动中心，甚至校外培训机构的优质服务资源，还可组织征文比赛、志愿服务、社会调查等，助力学生全面发展。

二、课外阅读新机遇

近年来，新课标、新教材、新高考成为语文教育改革的热词。我曾经看到一个视频，说语文在中高考中的地位提高了，难度也加大了。这种说法有一定道理，但并不准确。说它有一定道理，是因为语文能力主要指一个人的阅读和写作能力，而阅读和写作能力又是一个人综合素养的体现。语文能力强，有助于学习别的学科。比如数学、物理中的应用题，如果阅读能力上不去，读不懂题干，便不能准确把握解题要领，也就没法准确答题；英语中的英译汉、汉译英题更是考查学生的语言表达能力；历史题和政治题往往是给一段材料，让学生去分析、判断，得出结论，并表述自己的观点或看法。从这点来说，语文在中高考中的地位提高有一定道理。说它不准确，有两个方面的理由：一是语文学科本来就重要，不是现在才变得重要，之所以产生这种错觉，是因为在应试教育的背景下，语文的重要性被弱化了；二是语文考试的难度并没有增加，增加的只是阅读思维的宽度和广度，考查的是阅读理解、信息筛选、应用写作、语言表达、批判性思维、辩证思维等关键能力。可以说，真正的素质教育必须重视语文，因为语文是工具，是基础。不少家长和教师认为课外阅读浪费学习时间，这主要是教育观念问题。他们之所以有这种想法，无非是认为考试才是最终目的，希望孩子可以把更多时间用在刷题上。他们只看到课标和教材的变化，以为考试还是过去那一套，其实，考试评价已发生深刻变革。目前，考试评价改革与新课标、新教材改革是同向同行的，都是围绕立德树人做文章。中共中央、国务院印发的《深化新时代教育评价改革总体方案》明确指出："稳步推进中高考改革，构建引导学生德智体美劳全面发展的考试内容体系，改变相对固化的试题形式，增强试题开放性，减少死记硬背和'机械刷题'现象。"显然就是要用中高考"指挥棒"引领素质教育。新高考招生录取强调"两依据，一参考"，即以高考成绩和高中学业水平考试成绩为依据，以综合素质评价为参考。这也就是说，高考成绩不再是高校选拔新生的唯一标准，不只看谁考的分数高，而是看谁更有发展潜力、更有创造性，综合素质更高，从而实现由"招分"向"招人"的转变。而这绝不是仅凭一张高考试卷能够区分出来的，"机械刷题"无助于全面发展，必须在课内学习的基础上，辅之以内容广泛的课外阅读，才能全面提高综合素养。

三、"爱阅读"助力成长

这套《爱阅读·课本里的作家》丛书是为中小学生读者量身打造的，符合《义务教育语文课程标准》倡导的"好读书、读好书、读整本的书"的课改理念，可以作为学生课内学习的有益补充。我一向认为，要学好语文，一要读好三本书，二要写好两篇文，三要养成四个好习惯。三本书指"有字之书""无字之书""心灵之书"，两篇文指"规矩文"和"放胆文"，四个好习惯指享受阅读的习惯、善于思考的习惯、乐于表达的习惯和自主学习的习惯。古人说"读万卷书，行万里路"，实际上就是要处理好读书与实践的关系。对于中小学生来说，读书首先是读好"有字之书"。"有字之书"，有课本，有课外自读课本，还有"爱阅读"这样的课外读物。读书时我们不能眉毛胡子一把抓，要区分不同的书，采取不同的读法。一般说来，读法有精读，有略读。精读需要字斟句酌，需要咬文嚼字，但费时费力。当然也不是所有的书都需要精读，可以根据自己的需要决定精读还是略读。新课标提倡中小学生进行整本书阅读，但是学生往往不能耐着性子读完一整本书。新课标提倡的整本书阅读，主要是针对过去的单篇教学来说的，并不是说每本书都要从头读到尾。教材设计的练习项目也是有弹性的、可选择的，不可能有统一的"阅读计划"。我的建议是，整本书阅读应把精读、略读与浏览结合起来，精读重在示范，略读重在博览，浏览略观大意即可，三者相辅相成，不宜偏于一隅。不仅如此，学生还可以把阅读与写作、读书与实践、课内与课外结合起来。整本书阅读重在掌握阅读方法，拓展阅读视野，培养读书兴趣，养成阅读习惯。

再说写好两篇文。学生读得多了，素养提高了，自然有话想说，有自己的观点和看法要发表。发表的形式可以是口头的，也可以是书面的，书面表达就是写作。写好两篇文，一篇规矩文，一篇放胆文。规矩文重打基础，放胆文更见才气。规矩文要求练好写作基本功，包括审题、立意、选材、构思等，同时还要掌握记叙文、议论文、说明文、应用文的基本要领和写作规范。规矩文的写作要在教师的指导下进行。放胆文则鼓励学生放飞自我、大胆想象，各呈创意、各展所长，尤其是展现自己的写作能力、语言表达能力、批判性思维能力和辩证思维能力。放胆文的写作可以多种多样，除了大作文，也可以写小作文。有兴趣的学生还可以进行文学创作，写诗歌、小说、散文、剧本等。

学习语文还要养成四个好习惯。第一，享受阅读的习惯。爱阅读非常重要，每个同学都应该有自己的个性化书单。有的同学喜欢网络小说也没有关系，但需要防止沉迷其中，钻进"死胡同"。这套《爱阅读·课本里的作家》丛书，给中小学生课外阅读提供了大量古今中外的名家名作。第二，善于思考的习惯。在这个大众创业、万众创新的时代，创新人才的标准，已不再是把已有的知识烂熟于心，而是能够独立思考，敢于质疑，能够自己去发现问题、提出问题和解决问题，需要具有探究质疑能力、独立思考能力、批判性思维和辩证思维能力。第三，乐于表达的习惯。表达的乐趣在于说或写的过程，这个过程比说得好、写得完美更重要。写作形式可以不拘一格，比如作文、日记、笔记、随笔、漫画等。第四，自主学习的习惯。我的地盘我做主，我的语文我做主。不是为老师学，也不是为父母长辈学，而是为自己的精神成长学，为自己的未来学。

愿广大中小学生能借助这套《爱阅读·课本里的作家》丛书，真正爱上阅读，插上想象的翅膀，飞向未来的广阔天地！

石之川

目录

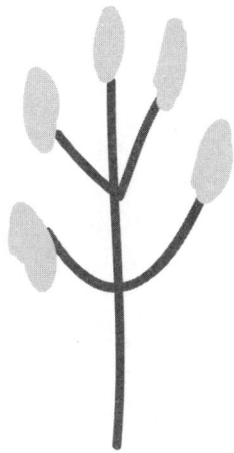

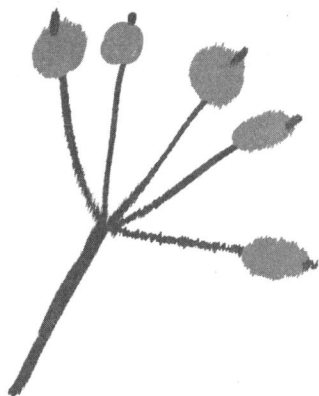

我爱读课文

原文赏读

海的女儿

体　　裁：童话

作　　者：安徒生

译　　者：叶君健

创作时间：当代

作品出处：部编版语文四年级（下册）

内容简介：海王有一位美丽而善良的女儿小人鱼。小人鱼爱上了人类的王子，为了追求爱情，不惜忍受巨大痛苦，脱去鱼形，幻化成人形。王子最后却和人类女子结了婚。小人鱼心灰意冷，想要再回到大海。巫婆告诉小人鱼，只要杀死王子，并让王子的血流到自己腿上，她就可以重回海里，过无忧无虑的生活。但她选择自己投入海中，化为泡沫，成全王子。

//////////////////////// 读前导航 ////////////////////////

阅读准备

叶君健文学创作的主要特征是：高度的现实主义精神，蕴涵诗的意境与韵味以及简洁朴素的语言风格。

高度的现实主义精神，是指叶君健在他的作品中，表现出了对现实社会关系的深刻理解。他以强烈的责任感投入创作，因此，他的作品都充满了对历史的独特观察力，真实地再现了现实生活的本质和历史发展的趋势。

蕴涵着诗的意境和诗的韵味，这与叶君健特有的朴素简洁的语言风格是紧密联系在一起的。叶君健在自己的作品中，从不铺陈曲折离奇的情节，也从不堆砌华丽的辞藻。他总是以朴素的笔调、冷静的叙述和简练的勾勒，使作品中的一切能够朴素自然地展现出来。

目标我知道

学习目标	会写"宏、皇、舵、枕、逆"等生字 会认"港、宴、婚、圣"等生字 读准多音字"都" 自主阅读课文，了解故事大意，体会人鱼公主的美好品质
学习重点	朗读课文，理解故事内容，感受童话的奇妙
学习难点	仔细阅读课文，谈谈你对人鱼公主的了解，体会人物真善美的形象

////////////////////////// 精彩赏读 //////////////////////////

课本原文

海的女儿

① 第二天早晨，船驶进邻国宏伟都城的港口。所有教堂的钟都敲响了，高高的塔顶上军号齐鸣，兵士们拿着飘扬的旗子，佩带着闪亮的军刀在敬礼。每天都有欢庆活动，舞会和宴会一个接着一个，可是公主还没有露面。人们说她在一个遥远的地方接受教育，学习各种皇家的美德。最后，她终于来了。

② 小人鱼迫切地想要看看她的美貌。当公主出现在面前的时候，她不得不承认，她还从来没有见过比这更美的容貌。她的皮肤是那么细嫩、洁白，乌黑的长睫毛下，一对深蓝的、钟情的眼睛在微笑着。[1]

③ "就是你！"王子对公主说，"当我像一具死尸一样躺在岸上的时候，救活我的就是你！"他把这位羞答答的新娘，紧紧地拥在自己的怀里。

（段解：王子将公主错认为是救活自己的

【钟情】指感情专注。

[1]外貌描写。突出公主的美丽，描述公主的眼睛在微笑，衬托人鱼的难过。

人，十分感激和欢喜，而小人鱼并没有解释。）

④"啊，我真是太幸福了！"他又转过身对小人鱼说，"我从来不敢奢望的最美好的事情，现在终于成为了现实。你会为我的幸福而高兴吧，因为你是所有人中最喜欢我的啊！"

【奢望】指要求过高而难以实现的愿望。

⑤小人鱼亲吻着王子的手。她觉得自己的心在破碎。[2]她知道，王子举行婚礼后的第一个早晨，她就会死去，变成海上的泡沫。

[2] 动作描写和心理描写，突出了小人鱼的伤心。

⑥教堂的钟都响起来了，传令人骑着马在街上宣布王子订婚的喜讯。每一个祭台上，芬芳的灯油在贵重的银灯里燃烧着，新郎和新娘手挽着手接受祝福。小人鱼穿着金线绣花的丝绸衣服，双手托着新娘的披纱。可是，她的耳朵听不见这欢快的音乐，她的眼睛看不见这神圣的仪式。她想起了她将要死去的早晨，想起了她在这世界上已经失去了的一切。

【神圣】极其崇高而庄严；不可亵渎。

（段解：通过描写婚礼的热闹和神圣，来突出小人鱼的伤心和委屈。）

⑦当天晚上，新郎和新娘登上船。礼炮响起来了，旗帜在风中飘扬。一顶紫金色的皇家帐篷在船中央立了起来，里面铺陈着最美丽的垫子。在这里，这对幸福的新婚夫妇将度过

他们宁静、美好的夜晚。

⑧ 风儿在鼓着船帆。平静的海面上，船在轻柔地航行着。

⑨ 暮色渐渐降临，彩灯亮起来了，水手们在甲板上跳起了欢快的舞蹈。小人鱼不禁想起她第一次浮到海面上的情景，想起她那时看到的同样华丽和欢乐的场面。她于是跳起舞来，飞快地旋转着，就像被追逐着的燕子那样。[1]大家都在为她喝彩，赞美她美妙的舞姿，她从来没有跳得这么美丽。

⑩ 小人鱼知道，这是她能看到王子的最后一个夜晚——为了他，她离开了自己的族人和家庭，交出了她美妙的声音；为了他，每天忍受着没有止境的苦痛，他却一点儿也不知道。[2]这是她能和他在一起，呼吸同样空气的最后一个夜晚，这是她能看到深沉的海和布满了星星的天空的最后一个夜晚。一个没有思想和梦境的永恒之夜，同时在等待着她。船上的欢歌乐舞一直持续到子夜之后。她笑着，舞着，但是死的念头一直在她心中。王子吻着美丽的新娘，抚弄着她乌亮的头发。他们手挽着手，走进了那华丽的帐篷。

【第一部分（①—⑩段）：写了小人鱼

[1] 用比喻的修辞手法，将跳舞的小人鱼比作燕子，表明小人鱼的回忆很美好，暗指她将化成泡沫。

[2] 小人鱼为了王子，付出了很多。

【念头】心里的打算。

公主的爱情失败，眼睁睁地看着王子娶了别的公主。】

⑪一切都静了下来，只有舵手站立在舵旁。小人鱼向东方凝望，等待着晨曦的出现——她知道，随着清晨的第一缕阳光，自己就会死去。这时，她看到她的姐姐们从波涛中游了出来。她们和她一样苍白，美丽的长发已经不在风中飘动。

【凝望】指目光凝聚在某个物体上。

⑫"我们把头发都交给了那个巫婆，希望她能帮助你，让你不要死去。她给了我们一把刀。拿去吧，你看，它是多么锋利！在太阳出来之前，你必须把它刺进王子的心脏。当他的血液流到你的脚上时，你的双脚又会连到一起，变成一条鱼尾，你就能恢复人鱼的原形，可以再活三百年。快动手吧！我们的老祖母悲伤得连白发都掉光了，就像我们的头发被巫婆剪掉了一样。刺死王子，赶快回来吧！快动手啊！你没有看到天边的红光吗？再过几分钟，太阳就要出来了，你就要死了！"她们发出一声奇怪的、深深的叹息，便沉到海里去了。[1]

⑬小人鱼把紫金帐篷的帘子掀开，那位美丽的新娘把头枕在王子的怀里睡着了。她弯下腰，在王子清秀的脸庞上吻了一下，再望了

[1]"叹息"一词用得非常巧妙，既体现了小人鱼的姐姐们对她的同情，又暗示了小人鱼的结局。

望天空，朝霞渐渐明亮起来了。她看了看手中锋利的刀，又深情地看了王子一眼，他正在梦中喃喃地念着新娘的名字。小人鱼拿着刀的手在发抖，[1] 但是，她马上将那把锋利的刀远远地抛到海里。刀落下的地方，浪花迸发出一道耀眼的红光，好像一滴滴鲜血从水中喷溅出来。她再一次深情地朝王子望了一眼，[2] 然后纵身跳到海里。她感到自己的身体正在一点点地化为泡沫。

【第二部分（⑪—⑬段）：写了善良的小人鱼公主不愿意伤害王子，最后变成了泡沫。】

[1] 细节描写，刻画出小人鱼内心的复杂。

[2] 她是在向自己深爱的人诀别，向自己的生命诀别。她甘愿牺牲自己，成全王子和公主。

作品赏析

这篇课文主要讲小人鱼舍弃了安逸的海底生活，甚至不惜牺牲生命来追求爱情，最后王子和美丽的公主结婚，她宁可牺牲自己，化为泡沫，也不忍心伤害王子的感人故事，表达了作者对小人鱼善良、勇敢的高尚情操的赞美之情。

///////////////////// 积累与表达 /////////////////////

字 词 我 来 记

会写的字

hóng 宏	部首	笔画	结构	造字	组词
	宀	7	上下	形声	宏伟　宏大
	辨字	宠（宠爱　宠物）　弘（恢弘　弘扬）			
字义	1.宏大。2.姓。				
造句	这个古代墓群，规模宏大。				

huáng 皇	部首	笔画	结构	造字	组词
	白	9	上下	形声	皇帝　皇冠
	辨字	煌（辉煌　敦煌）　惶（惶恐　人心惶惶）			
字义	1.君主；皇帝。2.盛大。3.姓。				
造句	颐和园是座皇家园林。				

duò 舵	部首	笔画	结构	造字	组词
	舟	11	左右	形声	舵手　掌舵
	辨字	船（轮船　船舱）　舫（画舫　花舫）			
字义	船、飞机等控制方向的装置。				
造句	行船靠掌舵，理家靠节约。				

zhěn 枕	部首	笔画	结构	造字	组词
	木	8	左右	形声	枕头　落枕
	辨字	忱（热忱　赤忱）　耽（耽误　耽搁）			
字义	1.躺着的时候把头放在枕头上或其他东西上。2.枕头。3.姓。				
造句	小明枕着妈妈的胳膊睡着了。				

bèng	部首	笔画	结构	造字	组词	
迸	辶	9	半包围	形声	迸发　迸裂	
	辨字	进（进攻　进入）　拼（拼音　拼写）				
字义	1.向外溅出或喷射。2.突然碎裂。					
造句	沉默了半天，他才迸出一句话来。					

会认的字

gǎng	组词
港	海港 港湾

yàn	组词
宴	宴会 宴请

hūn	组词
婚	结婚 婚房

shèng	组词
圣	神圣 圣洁

多音字

都 ┌ dōu（都是）（都好）
　　└ dū （首都）（都城）

辨析：

作副词，表示"总括，全，完全；语气的加重"时，读 dōu，如都来、都好；作名词，表示"首都，全国最高领导机关所在的地方；大城市"等时，读 dū，如首都、都市。

近义词

柔软—绵软　　　奇异—奇特　　　闪烁—闪耀

反义词

柔软—坚硬　　　清脆—沉闷　　　美丽—丑陋

日积月累

1.所有教堂的钟都敲响了，高高的塔顶上军号齐鸣，兵士们拿着飘扬的旗子，佩带着闪亮的军刀在敬礼。

2.风儿在鼓着船帆。平静的海面上，船在轻柔地航行着。

3.一切都静了下来，只有舵手站立在舵旁。小人鱼向东方凝望，等待着晨曦的出现——她知道，随着清晨的第一缕阳光，自己就会死去。

读后感想

读《海的女儿》这篇课文有感

今天，我们学了一篇童话故事《海的女儿》，它讲述了一个凄美的故事。

故事中的主人公是一条生活在大海深处的美人鱼，她在海底世界度过了三百多年的岁月。有一天，她在海上救了一个小王子并喜欢上了他。她放弃了海里的生活，忍受痛苦把自己的鱼尾变成了人腿。但是那个小王子和邻国的公主订婚了，她的希望没有了。她心灰意冷，想回到属于自己的世界。可巫婆告诉他，只有将刀刺进小王子的心脏，她才能再回海底。但她没有这样做，而是自己投入海中化为泡沫。

我喜欢《海的女儿》。它使我懂得了善良的可贵，也懂得了无论遇到任何事都要有坚强的毅力，并勇敢地去面对它。在这本书里，小美人鱼的美丽、纯真、执着和伟大，给了我很大的启发。在生活中碰到困难时，我要像小人鱼一样坚强地面对。在学习上，我也要像小人鱼一样坚持不懈。对待他人要多体谅，包容！

精彩语句

1. 它讲述了一个凄美的故事。

开篇点明故事的基调：凄美的故事。这个故事为什么是凄美的呢？吸引读者继续往下阅读。

2. 我喜欢《海的女儿》。

总说自己的观点，接着说明喜欢的理由。用总分的形式表达自己的感想。

妙笔生花

读过安徒生的《海的女儿》，你有什么感想吗？动动手中的笔，写一写吧！

_____

_____

_____

_____

_____

////////////////// 知识乐园 //////////////////

一、比一比，再组词。

┌ 抚（　　　） ┌ 蔚（　　　） ┌ 硫（　　　） ┌ 恰（　　　）
└ 妩（　　　） └ 慰（　　　） └ 琉（　　　） └ 给（　　　）

二、写出下列词语的反义词。

柔软—（　　　）　　　　奇异—（　　　）

亲昵—（　　　）　　　　清脆—（　　　）

高贵—（　　　）　　　　美丽—（　　　）

三、选字填空。

穿　响　挽　骑　燃

教堂的钟都＿＿＿＿起来了，传令人＿＿＿＿着马在街上宣布王子订婚的喜讯。每一个祭台上，芬芳的灯油在贵重的银灯里＿＿＿＿烧着，新郎和新娘手＿＿＿＿着手接受祝福。小人鱼＿＿＿＿着金线绣花的丝绸衣服，双手托着新娘的披纱。

四、根据例子写词语。

如：黄金—金黄

＿＿＿＿＿＿＿＿＿＿　　　　＿＿＿＿＿＿＿＿＿＿

＿＿＿＿＿＿＿＿＿＿　　　　＿＿＿＿＿＿＿＿＿＿

五、摘抄文中最打动你的一句话，并说说自己的感受。

摘抄： _____

_____

感受： _____

_____

作家经典作品

自主阅读

斗蟋蟀

"听！听！什么声音？"爷爷问邱林。

邱林没有回答，因为他在听爷爷说的"声音"。他快要七岁了，但是他还没有上学，因为两年前他得了小儿麻痹症①，而学校离他的村子又相当远——有三里多路，他只好待在家里。幸好爷爷是个退休了的小学老师，可以在家里教他识些字，使他还能看一些简单的书。他把那"声音"听得很认真——爷爷也听得很认真。他越听越兴奋，最后用激动的语调说："呀！是蟋蟀在唱歌，在对我们唱歌！"

"对，在对我们唱歌！"爷爷也兴奋地说，"瞧！我们家里热闹起来了！"

"热闹起来了！"小孙子说，情绪仍然很激动，"多好啊，爷爷！"

蟋蟀的歌声所引起的"热闹感"，成为这个"家"的一件大事。因为在平时这个"家"是寂寞的。邱林生下来

———————
① 小儿麻痹症：脊髓灰质炎。

没有多久，他的爸爸——一个不要命地干活的庄稼汉——就在一个夏天正干活的时候倒在田头上，再也没有起来。村里的人说他是累死的。他的妈妈，本来身体就不太好，还顶着两个人的活干，再加之孩子得了"怪病"，怎么也治不好，心里急，两年后也倒下，停止了呼吸。爷爷，实际上就是邱林的妈妈的父亲，他的老伴早已去世，他无力再成家，所以就把外孙子接来抚养，也算是一个伴。现在关节炎不时困扰他，所以他也不常出门——除了拄着拐杖去买点柴、米、油、盐这类的东西。这个家确实静极了。哪怕只是一只蟋蟀唱的歌，也可以在这个家里引起一阵"轰动"。

"在书本子里我们把蟋蟀唱的歌叫作'秋声'，"爷爷说，"秋天到了，它就出来唱歌。呀！快要到中秋了，所以它才唱得这样起劲！秋高气爽呀！——你记住这个成语，它描绘出秋天的特点。瞧瞧窗外！"

窗外天空上高高地悬着一轮明月。它似乎是在对邱林微笑，又像是要对他讲一个什么故事，他也笑了。

"爷爷，多美哟——月亮多美哟，在蟋蟀的歌声中比什么时候都美！"孙子说，但马上他又止住了，有一个问题跳到他的嘴边来："我们家里平时没有什么人来，怎么蟋蟀来了？它怎么认识我们的家门的？看来它对我们特别友好，像老熟人一样。"

爷爷拍拍自己的脑袋，仰着头凝望窗外的月亮。

"有了，我想起来了！"他说，"你忘记了？昨天黄大坤和颜亮在我们门口斗蟋蟀。有一只蟋蟀跑掉了，他们还闯到我们家来搜寻，但是没有寻到。"

"对了！"孙子说，"爷爷还劝他们抓紧时间温习功课，不要把大好时间浪费在玩蟋蟀上。他们不敢辩，但离开的时候并不太高兴呀。"

"不高兴才好呢！"爷爷说，"要让他们高兴，那只有让他们进来把蟋蟀捉回去。那么今天我们还能听到这样美的歌吗？"

邱林连连点着头。但是他本人也想找到这只蟋蟀——不是拿它来和别的蟋蟀斗，而是想认识它，和它交交朋友，因为它太好了——这样友善地给两个孤寂的人唱歌，而且还是在这样美丽的月色之夜！可惜他的腿不灵，蟋蟀又会跳，他无法去找它。正因为无法找，他就更想念这只不相识的蟋蟀了。

但是蟋蟀却主动地来找他了。那是当晚夜深的时候，他看见蟋蟀从厨房里轻轻地走出来——走得很吃力，似乎它的腿也有点毛病。但它终于走到他面前来了，而且还爬到他身边，跳到他的右手背上，望着他。不一会儿它说："感谢你们爷孙俩救了我。黄大坤把我关在一个小罐子里，成天不见阳光，闷得我简直要窒死。他只有让我和颜亮的蟋蟀斗时才把我放出来。斗得我精疲力竭，死去活来——这样折腾，我知道最后总免不了一死！"

"你不斗不行吗？"邱林问。

"那怎么能行？"蟋蟀说，"他用一根小草秆挑动我呀：一下子捅我的肚皮，一下子拨弄我的嘴和鼻孔，那比凌迟处死还难受。我只好寻机逃生，在最后一次斗的时候临阵脱逃，几下子就跳到你家门里了。幸好你的爷爷拦住他们，我才得钻进你家厨房墙脚的一个小洞里去。我的一条腿已经受了伤，幸好我能在那个洞里安静地休息，现在可以爬到你面前来了。"

邱林听了，很同情蟋蟀的遭遇。他同时也理解，腿行走不便意味着什么。他说："你这样不幸，还能给我们唱那么好听的歌。"

"我能用什么感谢你们呢？"蟋蟀说，"我唯一的本事就是唱歌呀。"

"你这个本事可大啦，"邱林说，"你知道，我和爷爷一老一小，多孤寂！听到你的歌，我们的心暖了，也觉得这个屋子有了生气，热闹起来了。你以后就住在我们家里吧，我们保护你。这里就是你的家。"

蟋蟀的两根触须连连摇了两下——这是它表示高兴的动作。

"我很高兴我的歌能暖你们的心，"它说，"那我就在这里住下来吧，天天晚上唱歌给你们听。我本来有个家，就在村后那个草垛下面。一天晚上我唱歌的时候，黄大坤偷偷走来，一下把我捉住，我就这样成了他的俘虏，天天逼我和我的同胞——颜亮的那只蟋蟀——斗！"

"放心吧，"邱林说，"你在我们这里很安全，天天可以放声歌唱。"

"那么我就在这里住，和你、你的爷爷做伴！"蟋蟀说完就跳离了他的手不见了。

邱林睁开眼睛一瞧，月光正通过窗玻璃照在床前的地上，犹如白昼。蟋蟀连影子都没有。原来他刚才只不过是做了一个梦。

第二天早晨，邱林把这个梦告诉爷爷。爷爷说，因为他一直在念念不忘蟋蟀，所以这小动物就在他的梦里出现了，但不管是真是假，让蟋蟀互相殴斗取乐，对于一个小学生说来总不是正当的事。此外，迷恋这种玩意儿，把大好光阴白白浪费掉，自然会影响功课。而他们在这种取乐中所得到的快感，与古代罗马统治者欣赏格斗士被圈在格斗场里相互厮杀，在性质上没有两样，很残忍，对小孩子的心灵不好。于是爷爷就讲起了有关这方面的一个故事，说公元前3世纪，罗马帝国的君主和贵族们，总是让俘虏和罪犯们在石墙围着的格斗场里互相厮杀或与狮、虎搏斗，他们坐在高台上观看，玩赏取乐。凡是厮杀不力的人，就被当作懦夫当场拉出场来处死。这种残酷的取乐到了公元5世纪才被废止。当今我们是文明人，应该培养文明的情感，不能让原始的冲动来左右我们的心灵。

爷爷刚讲完这个故事，很巧，黄大坤和颜亮闯进来了，他们是来追寻逃掉了的那只蟋蟀的。

"大坤的那只蟋蟀逃掉了以后，"颜亮用受委屈的语调说，"我的那只蟋蟀也斗不起来，怪泄气的。"

"现在我们非找到它不可！"黄大坤也气冲冲地说，"它一定在你们这里。"

爷爷望着他们，没有理会。这两个小家伙开始觉得没趣。正当他们转身要走时，爷爷忽然止住他们，叫他们坐下。他咳嗽了一声，便把邱林晚上做的梦和他刚刚给邱林讲的那个罗马贵族的故事重复了一遍。最后他说："瞧你们多幸福，每天能上学校，学文化和各种各样有用的知识。瞧我们的邱林，他的腿不灵，只好待在家里。你们要珍爱你们的光阴和健康的身体，好好学习吧！好好学习吧！斗蟋蟀有什么意思？要知道光阴一飞走了就不会再回来的呀！"

黄大坤和颜亮慢慢地低下了头，脸色也有点红起来了。他们站起身，不声不响地走了出去。邱林望着爷爷，也没有对他们说声"再见"。

几天以后，一早，黄大坤和颜亮又来了。这次他们手里没有捧着蟋蟀罐，而是推着一把新做的简单的手推车。

爷爷怕他们又来找蟋蟀，便和孙子站在门口挡住他们。

"你们来干什么？"爷爷问。

"来推邱林和我们一道去上学呀！"黄大坤说，"他不是行路困难么？我和颜亮可以推他去。这辆车很轻便，是前天我们请求我爸爸特做的。"

黄大坤的爸爸是个木匠，颜亮家头年修了房子，还剩下几块好木头，所以手推车很快就做成了。爷爷听到这个建议，严肃的脸上马上变得喜笑颜开，说："好！好！你们想得真好！"于是他拍着孙子的脑袋，继续说，"邱林，你太幸福了，有这么好的朋友。我陪你一道去，和老师交涉一下——我想他一定也会很高兴收你这个特殊的学生。"

他们离开屋子前往学校的时候，屋里忽然传出了蟋蟀的歌声。声音高昂欢快，似乎在庆祝这三个小朋友新建立的友情。

旅 伴

汽笛长啸了一声，火车快要开行了。从宫城县到横滨还不到一天的路程，但十六岁的加藤杏子似乎觉得这是一次非常长的旅行。她从来没有离开过家乡，横滨这个名字虽然很耳熟，但对她说来简直就像一个神秘的城市。她不知道在那里等待着她的将是怎样的一种命运。她一想到火车马上就要把她带到那里去，就感到有些恐惧。她的这种恐惧和她不忍离开妈妈的心情混杂在一起，使她顿时感到孤零零的。于是不知不觉地她的眼里就滴下了一滴热泪。眼泪滴到站在月台上的妈妈的面上——她正在车厢的窗口外面仰着头和女儿话别。她一接触到这滴热泪就讲不下去了。她和女儿一样，心中也感到非常难过。她着实不愿把女儿送到那个陌生的城市里去——女儿是一个乡下人，自己也从来没有到那儿去过。

火车开始移动了。妈妈向女儿伸着双手，似乎是想要把女儿从车厢里拉回来似的。女儿也在对她不自然地挥着手，直到妈妈的影子变得模糊了为止。在这别离的最后一瞬间，妈妈在她的眼里就像一个幽灵。的确，妈妈这几年衰老得非常快，尤其爸爸离开了家以后。爸爸是在两年前被征入伍的。妈妈没有儿子，她把女儿当儿子一样教养，希望女儿能生活得快乐，因此她就没有把爸爸向地主竹内义雄租来的那几亩田退掉，她要继续耕种下去，为的是女儿能过着温饱的日子。但妈妈毕竟是一个中年的妇女，气力有限；田不但没有种好，反而欠了竹内一大笔地租，结果女儿也不得不离开她了。

火车越开越远。杏子坐在三等车厢的一个角落里，越想越觉得妈妈可怜。为了怕同车的旅客看到了自己的眼泪，她用双手把脸蒙起来，直到车子有节奏的簸动把她催眠到入睡为止。她确实太疲倦了。一连几天，由于准备这次旅行，她从没有好好地睡过一次。实际上，她现在也并没有睡着：她的神经是非常活跃的，她梦见爸爸死了——爸爸死得非常惨！她的全身在梦中不由自主地掣动起来了。

就在这时候，她膝上放着的那个包袱（这是她唯一的行李）里滚出了一件东西。这件东西在地板上引起了一个回音。杏子在迷糊的梦境中本能地把包袱拦了一下。这时从里面又滚出了一件东西，在地板上发出的响声比头一次更大。她一惊就醒过来了。她连忙哈下腰，去捡在地板上打滚的那两件东西，但是已经有一个人替她捡起来了。

这是一个中年男子，面孔很瘦，眼睛深陷，颧骨突出，但是一双手却大而有力。从外表上看来，他很像一个因长期失业而饿坏了的渔人。他的腮帮上全是胡须，至少有一个星期没有剃过——在海上打渔的人就常常是这个样子。他的形象似乎很粗野，但就他为她拾东西的神态看来，他却是一个非常和蔼可亲的汉子。他把那两件东西托在他的那双大手里，交给杏子。

杏子连忙站起来，向他鞠了一躬。在接过这两件东西的时候，她抬起头把这个中年人打量了一下。她发现这个人虽然表面上有点"粗野"，但是内心里却是非常细致，倒很有一点像自己的爸爸——仔细一瞧，他的面形也真有些像爸爸呢！她顿时对他产生了一种亲切的感觉。她连声对他说："要你替我捡起来，真对不起！谢谢！"

中年人所捡起来的东西是两颗圆而又大的土豆。

"你带着这种东西到横滨去干什么呢？"他问。

他问的时候就同时在她身边坐下来。他本来是坐在另一个地方，但杏子和妈妈告别的那幅情景吸引住了他，使他很受感动，因此在杏子睡着了的时候，他就偷偷地搬到她旁边的这个空位子上来了。

"为的是要孝敬竹内老爷。"杏子天真地说。说完这句话，她又担心这位旅伴可能听不懂，所以她又做了这样的补充，"竹内老爷是我们的田东。每年新东西一下地，我们就要送点给他尝尝。平时是托人带去的，不过这次我自己带给他。"

中年人听完后，就没有再讲话了。他似乎在回忆一件什么事情。在沉默中他暗地把杏子瞧了一眼。这个女子的表情和神态和他回忆中的那个孩子没有什么两样。她的面孔虽然黄瘦，但仍然掩盖不住她儿时那种妩媚和动人的样儿。她现在正低着头，用她那双因劳动而充分发育了的手在整理她膝上的包袱。她小心翼翼地把刚才滚出来的那两颗圆而又大的土豆塞进去。然后她把脸掉向窗外，无目的地凝视远方的田野。她那双浓眉紧紧地锁在一起，可能她又在想她的母亲了。

中年人看到她的这种神情，不知怎的，突然心里感到一阵难过。他打破沉寂，把她从沉思中拉回来，问："你见过竹内老爷吗？"

"没有！"她说，"他怎么会到我们那个偏僻的地方去呢？他是一个忙人呀！"

"那么他怎样来收你们的租呢？"

"中野宏先生每年来代他收。他是竹内老爷的账房先生。竹内老爷在我们县里的地租全由他一个人包收。他也是一个忙人，每年只能在春秋来两次，一来我们就得把租金全交给他。"

"不交又怎么办呢？"

"不交就利上加利，到第二年就是一笔大债。债一背上身就卸不下来了。"

"你家里背上债没有？"

杏子虽然年纪不大，但是却非常懂事。一提到债她的心就沉下去了。她一句话也说不出来。这种沉默使中年人感到很僵。他很想知道更多关于她和她妈妈的事情——这也是他要挨到她身边坐下来的一个主要原因。他没有想到，话谈到这里就继续不下去了。他拼命抓着自己的下巴，希望能从那里抓出一个话头来打破这沉寂。但是当他一摸到自己腮帮上那一丛好几天没有刮的胡子时，他立刻就放弃了这个念头。自己简直像一个失业的流浪汉，老找这样一个沉静的姑娘谈话也实在不像样子，至少她是不习惯的——他想。

这时他们对面座位上的一个客人忽然发出一个吁声，使他们同时从自己的心事中惊醒过来。这是一个年轻的小伙子，满脸通红，发出一股使人作呕的酒气。

他上车没有多久就靠着座位的靠背，仰面大睡起来，并且还发出一连串没有节奏的、断续的鼾声。谁也没有理他，想不到他倒理起别人来了。

"宫城县里哪个佃户没有背竹内的债？"他用一个地道宫城县的乡音自言自语地说，好像他是在说梦话似的——因为他并没有睁开眼睛。"我就是因为家里欠了他的债还不清才到渔船上去干活的。他是一个不折不扣的大混蛋！他在地方上靠地租剥削还不算，还要在横滨开赌场和咖啡店，并且投机倒把①，无所不为！现在美国军队来了，要把像横滨那样的海滨城市长期占据，作为他们的基

---

① 投机倒把：投机，利用时机谋私利。指以囤积居奇、买空卖空、掺杂作假、操纵物价等手段牟取暴利。

地。所以他想讨美军的好，又搞起新的名堂来了。他骗去了许多穷苦佃户的女儿，利用她们去做美国人的生意。中野现在就专门替他干这种行当。我们村里有一个姑娘，她的爸爸欠了三年的地租，中野就把她作为抵押要去了。什么账房先生，他是一个人贩子！"

这段话像连珠炮似的从他嘴里冲出来。说完后，他那充血的脸立刻就变得苍白起来，大概这是因为他心中的那股闷气已经发泄得差不多了的缘故。于是他把头掉向另一边，又呼呼地睡去了。

杏子望着他那忽然变得苍白的面孔，震动了一下，这倒不是因为他的面孔难看，而是因为他的那段话在她心里忽然引起了一种无名的恐惧。坐在她旁边的中年人立刻注意到了这种变化。

"你和中野这个人熟不熟？"他关切地问。

"不熟，"杏子回答说，"不过这次他在我们村里住了三天，差不多每天都到我们家里来。"

"他为什么这样关心你们呢？"中年人又问，他的声音这次变得非常急促。很明显，他对于这个年轻女子在无意中暴露出来的情况，不仅感到惊奇，而且还警觉了起来。

"因为我们欠了竹内老爷一大笔债！"杏子忧郁地说。

话谈到这儿就忽然中断了。中年人对自己点点头，似乎是说："我明白了！"杏子把头低下来。无疑的这句话引起了她的感触，她故意把膝上的那个包袱整理了一下，装出一种不在乎的样子，为的是怕中年人看出忽然在她眼里闪亮着的两颗泪珠。

"你现在是到竹内那里去还债的吗？"中年人进一步地询问，希望把她心里想的事情探索出来。

"要是能还得起就不需要我去了，"杏子回答说，同时把头抬起来，用责备的眼光把中年人瞧了一下，"如果有钱，中野先生来时交给他就得了。麻烦的事儿是，我们没有钱——我们欠了竹内老爷好几年的地租，一直还不起，所以中野先生才……"

她忽然又顿住了。一阵心酸，她那两颗噙在眼里的泪珠终于流了出来。

"所以中野就硬要拉你到横滨去！"中年人直截了当地把她的话续完——他已经猜到了她的心事，"而你却不愿意去！"

她点了点头。

"是的，我不愿意去。"她说。于是她向对面座位上的那个年轻人望了一眼，继续说，"特别是听到他刚才说的那段话以后，我更不愿意去。您知道吗？中野先生就是为了这样一件事才要我和他一道到横滨去的：竹内老爷在横滨的美军兵营附近新开了几个咖啡馆，他需要一批年轻的女招待，中野先生硬要我去干这工作。他说这个职业比在乡下种田要有出息得多。这是一桩赚钱的生意。竹内老爷还为这件事特别开了一个训练班。每个女招待经过两个月的训练就可以赚钱了，而且在训练期间一切膳宿杂费都由竹内老爷供给……"

"能赚钱还不好吗？"中年人故意反问一下。

"可是四年以内所有的薪水都得交给竹内老爷，由他处理，因为我们欠了他的债。"杏子说到这里沉吟了一会儿。然后她用一个气愤的声音说，"所以妈妈不愿意我去！"

"但是你现在不就是到竹内那里去吗？"

"不去不成呀！"杏子这时急了，几乎要哭出声来，"不去就得立刻还竹内老爷的债！不然就要吃官司。我们哪里还有资格和竹内老爷打官司呢？所以中野先生硬逼着妈妈和他签订了一个合同。妈妈没有办法，只得在他印好的合同上画了押。妈妈从此可以不还债，但我在四年以内必须听竹内老爷的吩咐，不能再回到妈妈那里去了。"

"呀，原来是这回事！"中年人故意用一个惊讶的声音说，"你知道吗？那张合同就是你的卖身契！四年以后，你就要成一个老太婆了。那时竹内也可以放你走了。他的算盘打得真稳……"

话说到这里，中年人忽然停住了。他连忙把脸掉向窗玻璃，故意朝窗外面望，好像他不曾和杏子谈过话似的，因为这时有一位旅客忽然从前面的头等车厢里走进来了。他的身材矮小，肚皮突出，顶门光滑，笑嘻嘻的，乍看去倒很像一个新近中了头彩的小商人。他在杏子面前停下来，洋洋得意地对她说：

"不饿吧？要是饿就告诉我！"

"不饿！"杏子客气地说。

"好极了！那么请你好好地在这儿等着吧。车一到站，我就来接你，领你到竹内老爷那里去。竹内老爷看到你一定高兴得很！"

说完这句话，这位小商人模样的人物就一溜烟地走了，生怕杏子临时改变主意，说出心里的真话："真有点儿饿！"——因为为了这次别离，她难过得两天没有吃过饭。这人就是竹内的账房先生中野宏，谁都认识他。他走动的时候，扇起了一阵阴风，把杏子对面坐着的那个颇有醉意的年轻人扇醒了。这个年轻人把枕在座位靠背上的脑袋掉向另一边，又嗫嚅地说起半醒半睡的梦话来："真是个大混蛋！你要怕她饿，就干脆请她到你那个头等车厢的餐厅里去吃一顿好了。假仁假义干什么？"他的话刚一说完，就又呼呼地睡去了，继续发出一个断续的、没有节奏的鼾声。中年人这时把头从窗子那边掉过来。他把这个昏睡的年轻人望了一眼，嘴角上显出一个幽默的微笑，于是又把脸掉向杏子。杏子这个女孩子很敏感，她一看就知道中年人心里在想什么。她解释着说：

"刚才来的那个人就是中野先生。他坐在头等车厢里。我的车票就是他买的。"

"我认识他！"中年人说。

"你认识他？"

中年人点点头。

"从前我在乡里就见过他。不过现在他不一定会认识我，"他说，"我的样子这几年变得谁也认不出来了！"

于是他本能地把他腮帮上的那一大堆乱蓬蓬的胡须摸了一下。

"你是谁呢？"杏子惊奇地问。

"你看，连你都认不出来了！"中年人用一个平静的声音说，他的嘴角边又闪出一个幽默的微笑。

杏子把眼睛睁得斗大，对着这个中年人发起呆来。从这个中年人那张焦黄的、瘦骨嶙峋的、布满了胡须的脸上，她似乎发现了某种熟识和亲切的东西。这种东西在她的脑海里唤醒了一系列的回忆，而这些回忆又使她记起了更多熟识和亲切的东西。她的眼睛越睁越大，睁得几乎发直。

"连我都认不出来？"杏子自言自语地说。

"是的，你认不出来！"中年人继续用一个镇静的口气说，"不过我还记得你小时的那副样儿。"

这时杏子如坠入五里雾中，怔住了。她沉默了好一会儿。车子跃进的声音虽然响得很厉害，但他们两人都似乎能听出彼此的呼吸。最后杏子忽然惊叫了一声："哎哟，你不就是山下伯伯吗？我们两家住在紧隔壁。我小时还常常听你讲故事呢！"

中年人没有回答。他的沉默表示他同意她的说法。

"你是怎样出来的呢？"杏子迫不及待地又继续问，

她的声音中仍然掩盖不住她由激动而感到的更大的震惊，"他们不是把你关进牢里去了吗？说起来时间过得真快，马上就是五年了，不是吗？"

中年人没有再沉默了。他点了点头。

"是的，他们把我关进牢里去，但是他们的战争失败了，又不得不把我放出来。转眼就是五年了！"他说，"你还记得相当清楚。五年前你还是一个小学生。想不到你现在长得这样大了，但是样子改变得很少，所以你一上车我就看出来了。"

"你为什么不下去和妈妈讲几句话呢？她一直在想你呀！"

"我也并不是没有想过。我是因为有一件工作任务才到宫城县来的，昨天事情才办完。我本来想抽空回到村子里去看看，但是想了一夜还是决定不去。几年来反动派一直在村人中造我的谣言，说我是一个无耻的卖国贼，居然拒绝到中国去打仗。他们把我在村人面前描写成一个大坏蛋。听说居然还有人相信这样的话！"

"但是妈妈不相信，我们都不相信！你应该和妈妈见见面才对！"杏子毫不客气地责备起他来。

"我怕引起她的感触。你的别离已经够叫她伤心了。"中年人像一个爸爸似的说出了真心话。

"好吧，请赶快告诉我，你这几年是怎样过的？"

"他们把我关了一年，后来又把我送到矿山去做苦工。

这还不够，他们每隔几天就假造一封你伯母写的信来咒骂我……"

"是的，伯母死得好苦！"杏子说，"他们逼她天天写信去咒骂你，并且还强迫她在乡里宣传你的坏，说你是一个卖国贼，是大和民族的叛徒……这样的日子她怎样受得了？所以一天夜里她终于在家里上吊了！"

"幸而我没有孩子。孩子没有妈妈就准得饿死！"中年人说，开始激动起来，"你看谁是卖国贼？他们把许多年轻人赶去当'炮灰'，毁掉他们的家。现在他们又把美国兵招进来，并且还要拉像你这样的年轻女子去伺候他们，供他们取乐。你看谁是大和民族的叛徒？他们不仅害了你的爸爸，还要毁掉你的一生。"

杏子的脸忽然变得煞白。中年人的这段话，在她沉静的心里，搅起了一股激流。

"爸爸！"她一开口，阻塞的喉咙就迸出一个呜咽的哭声来，"我爸爸的情况你知道吗？他的腿一直不大好，种竹内老爷的几亩田已经够他累了，想不到他们还要拉他去当兵。他刚开到长崎，没有来得及上船就被美国的原子弹炸死了！连骨灰都没有！"

"这件事我知道。"中年人说，同时用手背把他那双湿润的眼睛擦了一下，"这也是我不愿意回到村里去的原因之一，我实在不忍看那些残破的家庭。"

"是的，村里的确没什么东西可看的了，年轻的男子差不多都死光了。"她停顿了一会儿，为的是想把自己的抽噎镇定下来；接着她故意改换话题，继续说，"不过你怎么会知道爸爸和村里的情况呢？"

中年人觉得她这句话问得有些天真，禁不住发出一个苦笑。同时不知怎的，他对这个女孩子忽然像一个爸爸似的，感到有些温暖起来。他自从年轻的时候起就在县城车站当一个信号员，成天和火车打交道，剩下的时间就全部投到工会工作中去，他心里从来没有体会过这样的温暖。他觉得杏子是战后苦难的年轻一代的一个象征。他有责任保护她，把她从苦海的边缘拉回来，使她走上光明的途径。但是此时此地，他又有什么办法呢？

他沉思起来。

在杏子这一方面，她迫切地需要和他亲近，了解他，和他建立亲人的感情，因为此时此地，她特别感到孤独，感到无援。她需要有人为她做主张。她从对面那个昏睡的年轻人所讲的几段不连贯的话中，已经理解到她在走向一个什么命运，但是她自己没有办法逃脱这个命运。

"山下伯伯，你现在在做什么呀？"她问。

中年人把眼睛抬起来，端详了一下杏子脸上的表情。

"在渔人中间工作，"他说，"你知道，沿海的渔船不少，所以渔人也不少。我就在他们中间生活。我向他们学习了不少的东西。我参加他们的斗争，也帮助他们组织斗争。今天到这一个港口，明天到那一个港口……"

"这倒是一种蛮有趣的生活呢。"杏子天真地说。

"你喜欢这种生活吗？"

"怎么不喜欢呢？我在村里的时候，就一直梦想着海。海，那广阔无边的大海，我就常常希望能够离开村子，到那上面去过一过自由的生活！"

"但是海上的生活并不一定是自由的。"

杏子天真的眼睛忽然射出迷惑的光芒。她想要继续发问，但是又不知从何问起。为了解除她心中的疑惑，中年人用一种亲切的声音像对自己的女儿似的对她解释着说：

"海上本来是自由的。但是渔船和捕鱼的工具全掌握在渔业公司的老板的手里，你要使用它们，你就得付出百分之五十以上的渔产给他们作为租金。剩下的渔产，由于他们垄断①了市场，价格也由他们规定。他们可以使你打的鱼一斤也卖不出去，白白地烂掉。现在美国人来了，这些老板们和美国人串通一气，更要加倍地剥削渔人。所以现在生活不仅不自由，而且还有饿死的危险。"

"哦——"杏子刚一发出这个声音就又缩回去了。

"但海是属于我们的，鱼也只有通过我们的劳动才能捞得起来，"中年人继续说，"所以，我们为什么要饿死呢？"

"对！"杏子的眼睛又闪亮了一下，但是马上又变得阴暗下来了，"有什么办法才不会饿死呢？"

---

①垄断：原指站在市集的高地上操纵贸易，后泛指把持和独占。

"有！"中年人用一个肯定的声音说，"只要大家团结起来进行斗争就不会饿死。这正是我这几天在各个渔港跑的缘故。所有的渔人都是一家人，需要好好地组织起来，这样大家就能活命。"

杏子的眼睛又闪亮了一下。但是这次她的眼珠上再没有出现刚才那样的乌云。

"我不是渔人，所以我就不能成为你们一家人了……是吗？"她用一个试探的口吻问。

"怎的，你不想当女招待吗？"中年人故意反问了她一句。

杏子没有立即回答。她沉思了一会儿。忽然她眼里涌出一颗泪珠，接着她叹了一口气。

"现在我知道了，去当女招待就等于跳进火坑！"

中年人点了点头。他现在了解她的心境和感情了。一个想法在他的心里闪了一下。他那双粗眉向上一扬，嘴角上浮出一个满意的微笑。

"好！你如果真的喜欢海，那么你就到海上去工作吧。你的年纪轻，可以锻炼成为一个很好的渔人。你会在渔人中间生活得很快乐，虽然渔人的生活现在充满了斗争。但斗争将会给我们带来希望，你们年轻人也将是最有希望的人！"

"但是我怎样才能到海上去工作呢？"

杏子的话中虽然带有失望的调子，但这时在她黄瘦的脸上却露出了希望的闪光。

"只要你愿意，"中年人用一个安慰的声调说，"我可以介绍你到我们自己的船上去。"

"那怎么成呢？"杏子说，她脸上仍然带着怀疑和希望的混合表情。"妈妈已经和中野签订了合同，把我交给了竹内老爷呀！"

"正因为你的妈妈已经把你交给了竹内，所以你现在才能自由地到海上去。不然的话，他们就得逼你的妈妈还债！"

"我不懂你的意思。"杏子说，她脸上的表情忽然又变得困惑起来，"中野这次亲自来带我去，他怎么会让我走呢？"

"我会叫他让你走。"

"他不会同意的。"

"我会叫他同意。"

"哎呀！"杏子忽然惊叫一声，"车子一会儿就要到站了。中野马上就要来带我下车，送我到竹内那里去了！"

"到竹内那里去！"一个声音重复着她的话。这又是对面座位上那个半睡的年轻人在梦中发牢骚。"带你到竹内老爷那里去！看他敢不敢！我早就想揍他几下，出出我心里的闷气！"

　　不知道是因为他说得激动起来了，还是由于他已经睡醒了的缘故，他忽然笔直地坐起来，大睁着眼睛，望着中年人和杏子两人发起呆来。他有好半晌没有作声。

　　中年人把他上上下下地打量了一下，发现这个人粗手大脚，身上穿的那条臃肿的帆布裤子还挂着几片鱼鳞。他已经猜到这个年轻人的身份。他大概也是一个最近才从海上回家去看了一趟亲属的渔人；他现在大概又要回到海上去。一回到海上，马上就又是紧张的工作和与波涛的斗争，所以照一般惯例，一个渔人在下海以前总喜欢痛快地喝几杯烧酒。无疑地，这个年轻人在这方面还是一个生手，多喝了几杯，所以一到火车上就酒性发作，昏睡起来，说了许多一直压抑在心里想说而又不敢说出来的话。

　　"年轻人，你有点太激动了！"中年人用一个幽默的口吻说，"中野是一个大人物，他的后台老板有钱有势，你在这里说了许多不利于他的话，不害怕吗？"

　　"怕什么？"年轻人莽撞地说，"我一到站，就要下海。难道他们还能来海上抓我不成？"

　　"你是一个渔人吗？"中年人故意问。

　　"去年才改到这一行来的！在那以前我也是竹内的佃户。你呢？"年轻人忽然对这个中年人变得好奇起来。

　　"我也是渔人！"

　　"请问你贵姓？"

中年人迟疑了一下，但最后他还是用一个肯定的声音说了真话："山下义太郎。"

"啊，山下义太郎！你就是山下义太郎？"年轻人忽然从座位上站起来。

"是的，一点也不错，我也是去年才改干这一行的——那时我刚从牢里出来。"

年轻人热情地把手伸过来，紧紧地握着这个中年人的手。

"我知道，我们常常在谈起你，你的工作做得好，我们这一帮渔人现在全都组织起来了。老板们可是不能再为所欲为了！"说到这里，他忽然顿了一下，把头掉向杏子：

"这位小姐呢？"

"我的侄女！"

年轻人忽然把头向后一仰，似乎不相信他的耳朵。他的惊奇的眼光似乎是在说：把自己的侄女交给像中野这样的人，这怎么可能呢？正当他感到万分惊奇的时候，巧得很，中野忽然又从前面那节头等车厢里走进来了，他一直走到杏子面前。这次中年人没有避开他。相反地，他却把这个矮胖子全身上下仔细地打量了一下，好像他是想要估量他那一身松肉的重量似的。

"快到站了！"中野用一个命令的口气对杏子说，"你准备好吧。车一停我就来领你下去！"

于是他又一溜烟地走掉了，照旧扇起一阵阴风来。

杏子的脸立刻就又变得阴沉起来。她一筹莫展①地望了望中年人，然后又抬起头望了望对面的年轻人。谁也说不出一句话来。他们之间存在着一种极大的沉寂。

"我现在该怎么办呢？"杏子终于打破了沉寂，发出一个绝望的呼声。

"跟他一道下车好了。"中年人说。

"跟他一道下车？……"杏子刚把话说出口又缩回去了。

"你总得下去，待在车上能有什么好处呢？"中年人说。

年轻人似乎懂得中年人的意思。"是的，你总得下去，"他对杏子说，"待在车上是没有什么办法的！"

话说到这里就中断了，因为汽笛响了，车上起了一阵骚动，大家在准备下车。那位矮胖的中野先生这时也提着一个旅行皮包兴致勃勃地从头等车厢里走过来。他已经打扮得焕然一新。他穿着一套笔挺的西装，他那撮小仁丹胡子也临时加工修饰了一下，他头上的几根稀疏的头发也擦上了点凡士林香膏。这是因为他下车以后就要立刻领着杏子去见竹内的缘故。因为竹内这位财东有一个奇怪的习惯：凡是新来的"女招待"，他总要留在自己身边住几天，为

---

① 一筹莫展：一点计策也施展不出，一点办法也想不出来。

的是——照他的话说——要观察一下，看她懂不懂得温存。至于中野呢？他觉得自己这次把事儿办得相当美满，竹内一见面就准会给他一笔赏金。

"到了！你没有听见吗？"他对杏子说，"我们下去吧！"

杏子从座位上站起来，她的脸色变得像死人一样的苍白。中年人和年轻渔人也同时站起来。她发现这个年轻人捏了一个拳头，眼珠突出，好像是要跳出眼眶的样子。她立刻有一种不吉的预感。她害怕这三个人为了她的缘故在车上冲突起来，而要制造出意外纠纷。她那种农民所特有的、但是无原则的善良心底，使得她感到不安起来。经过了短暂的思想斗争以后，她决定离开座位，拖着机械的步子，跟着中野下了车。

中年人向年轻渔人使了一个眼色，要求他保持镇定。于是两人就夹在旅客中间一同下了车。

车站上已经亮起了灯，因为天已经黑了。车站外面挤满了等候公共汽车和出租汽车的旅客。事情真不凑巧，中野因为身体肥胖，走得慢，等排上队时，他的位置已经是在最后面。看样子，要想坐到出租汽车，他起码还得等上一个多钟头，而他又是那样急于想把他的这次旅行所得送给竹内观赏！因此他就决定走一段路，到市内去等待汽车，那比待在这里要快得多。此外，在火车里坐了一整天，他也需要活动一下，呼吸一点新鲜空气。

　　他迈着他那双短腿，以一种怡然自得的神态，向市区走去。走到一个栈房附近的时候，还来不及拐弯，后面忽然响起了一阵急促的脚步声。他连忙扭转脖子，想看个究竟。但是时间已经来不及了。一个粗大的巴掌已经捂住了他的嘴，另一只手已经卡住了他的后脑勺。他整个的脑袋像是夹在一个老虎钳里似的，丝毫也动弹不得。

　　"我今天一听到你的名字就想和你算这笔账，"中年人说，"真巧，你居然落到我们手中来了！"

　　中野使劲地拿出全身的气力，想扳开捂住他的嘴巴的那只大手。他总算发出了这样一个声音："我又没有欠你们的债，算什么账？"

　　"单是今天你欠的这笔债就够你还的了！"站在旁边的那个年轻渔人气愤地说，"你又在想把一个年轻女子送进火坑！"

　　"今天只是叫你交出一点利息！"中年人补充着说，"真正的债还得竹内和你这一整个阶级的人来还！"

　　这时中野才意识到现在所发生的是一件什么性质的事情。于是他就拼命地乱踢，想从中年人的手中挣脱开来。年轻渔人已经等得不耐烦了。他看到这个小胖子如此不老实，就顺势一脚，朝他的屁股上踢去。因为他使劲太猛，他没有想到，这一脚已经足够使这位白白净净的中野先生失去了知觉。此人晃了两下，就像一个肥猪似的，倒到水门汀的地上，发出一个空洞的、没有回响的声音。

杏子在这种意想不到的场合下，一时不慎，让那个小包袱从她手中溜下去了，弄得里面包的土豆撒满一地。她连忙弯下腰，想把这些土豆捡起来。这时中年人走到她身旁，低声地说：

"让它去吧！这些土豆现在不需要了，渔船已经在港口等着我们，快点走吧！"

经这一提醒，她才完全懂得了。她立刻迈开脚步，感到全身轻快得像一只燕子，跟着他们向港口走去。

爱金子的国王

在古时的小亚细亚①，有一个国家叫作弗里吉亚。他的国王米德斯是一个很幸运的君主。因为那里天下太平，他的国家多年没有战争，国内每年的粮食收成也很不错，老百姓都能吃饱穿暖。不用说，米德斯本人的生活就更好了。宫廷里的一切都应有尽有。他整天没有太多的事情要做，除了疼爱自己那个金发的小女儿，就是和大臣或客人们聊闲天。

照理说，他不应再有别的欲望，对一切应该感到很满足了。但他却偏偏感到不满足，因为他有一个嗜好：他喜欢储藏金子。对于金子的欲望，他从来没有感到满足过。老百姓每年交纳给他的赋税，他既不花到国家建设上，也不开办有利于人民的公共事业，因为他要把国家的收入统统换成金子，放在宫里储藏起来。

金子越藏越多，但他还总觉得不够。他对金子迷恋得那么深，甚至把他唯一心爱的金发女儿也取名叫"金玛

---

① 小亚细亚：安纳托利亚，古称小亚细亚，是亚洲西南部的一个半岛。

莉"。他的睡房里沿墙摆满了木箱子。箱子里堆满了金子。这些也是他屋子里最好的装饰品。每晚在睡觉以前，他如果不打开箱子瞧瞧金子，点点数，摸几下，就睡不着觉。

有一天他正在欣赏金子的时候，忽然感觉到身边有一个人影。他掉过头来一瞧，原来是他曾经招待过的一个客人西伦努斯。这人是天神宙斯的儿子犹奥尼苏斯的一个形影不离的朋友。有一次这个人旅行来到这里，迷失了路途，米德斯接待了他，但事后就把这件事忘记了。

"你还记得我吗？"西伦努斯微笑地说，"我曾经是你短暂的客人。你的盛情我曾经告诉过我的朋友犹奥尼苏斯。他很感动，又把这事禀报了他的父亲宙斯。对你的恩德，我不能不报答。现在我就是奉天神之命来此表示谢意的。你希望得到怎样的报酬？我代表天神可以满足你——但只以一件为限。"

米德斯想了一会儿。他觉得他什么都有，每天享受不尽。但他还怀有一个希望没有实现。

"报酬？"他说，"在生活上我什么也不缺少，我可以过得很豪华，我只有一个希望，那就是：一切东西，只要我伸手摸一下，就可以变成金子。我也只有这一个希望。"

"这个好办，"西伦努斯说，"天神授权我满足你这个希望。"

说完，这位客人就离去了。

米德斯把他的视线转向那些藏金子的木箱子。他摸了一下箱子，出乎他的意料，这只箱子真的马上就变成了金的。他睁大了眼睛，简直不敢相信这会是活生生的事实。于是他立刻又走近他常常喜欢坐的那张靠椅，用手摸了一下。这张椅子也立刻变成了金椅。不用说，他兴奋的程度简直无法用语言来形容。他立刻坐在这张金椅上，当然啰，这张椅子没有平时那样舒服，因为它的绒毛垫子已经变得很硬，而且冰凉。但是为了这张金椅子，付出这点"不舒服"的代价也是一千个、一万个值得的。

"这算不了什么，"他想，"再硬、再冷一点，我也是愿意的。"

在吃午餐以前，他到花园里去散步，同时也想在别的东西上试试他新获得的"点金术"的功能。最初他在他的花儿身上试验，他先摸了一棵水仙花，这棵水仙花马上连茎带叶都变成了金的。米德斯喜笑颜开，高兴得不得了。他又用手指抚摸了一下玫瑰和雏菊，这两种花儿马上也变成了金的。他的兴致越来越高，他一口气摸了十多种不同的花朵，它们当然也都变成了金花。

时间过得很快，侍者给他摆下了一桌丰盛的午餐，因为他估计国王在花园里忙了大半天，肚子一定是饿了。厨师给国王做了一盘鲜嫩的烤羊肉和一碗香喷喷的鸡汤，当然还有面包和水果。

"过去这几个钟头发生的事情太神奇了！太神奇了！"国王对自己啧啧称赞，"世界上的君王，恐怕再没有谁比我更幸福的了！"

于是，他开始享受他的午餐，打算喝一口鸡汤。但是他的手一接触碗，碗就变成了金的，碗里的鸡汤也没有例外。他这时感到非常饿，所以他就想把烤羊肉拿来吃，但没有想到，他刚一伸手，烤羊肉也变成了金的。"幸福"的米德斯国王这才感到有些狼狈了。他该怎么办？他的饥肠在他的肚子里乱叫乱跳，要造反了。他实在饿急了，就不管三七二十一，又伸出一只手去抓面包，另一只手去取苹果。可以想象，这两种食物也都变成了金的。

"我的天，这样下去我得饿死了！"米德斯开始意识到事情的严重，叫出声来，"一个国王住在这样豪华的宫里，居然要遭到饿死的命运！"

这是怎么一回事呢？他开始思索起来，他梦寐以求的这种"点金"功能，现在居然成了灾难！

他的脸色逐渐变得苍白，他的精神也萎靡不振，他懒洋洋地坐在金椅上，开始考虑起他的前途和即将到来的、那不可避免的命运——饿死。这时他心爱的一只猫儿跳到了他的膝上，他按照以往的习惯，一面思考他所面临的危机，一面心不在焉地抚摸这只心爱的动物；猫儿正按照他平时的习惯，依偎在他的怀里撒娇，它拱起脊背，竖起长毛，等待着主人的抚摸，但国王的手一接触到它毛茸茸的身体，猫儿也马上变成了金的，它的毛也成了金针，把米德斯的手刺得剧痛。

这可怎么办？米德斯想，这样下去我的整个王国也完蛋了！当他正在考虑这个重大问题的时候，他的女儿金玛莉走进屋子里来，寻找这只猫。这位小公主一看到猫儿变成了金的，像一尊铸像，她惊奇了一阵后，就不禁大哭起来。米德斯为爱女的悲哀也感到伤心，所以他就把她拉到身边准备安慰她。可是他的手刚搭到女儿的肩头，她立刻变成了一个金人，不能言语，也不能动弹，像一尊没有生命的铸像。

恐怖和惊慌笼罩着米德斯国王的整个心灵。他大声叫喊：

"把我锁起来！把我关起来！免得我再摸别的东西！"

他这绝望的呼声一停止，出乎意料，马上又有一个人影在他身边出现。这仍然是那个赠予他"点金"功能的西伦努斯。

"很抱歉，米德斯国王，我上次到你这里来本是为你好客的美德致一点谢意，"他说，"没想到，你提出了那样一个异乎寻常的希望。可现在你又走向另一个极端，对一切表示出绝望来……"

"是不是我的这个绝境，还有一点挽回的希望？"米德斯问，"只要我能摆脱这个绝境，我今后就再也不想什么金子了——甚至国王不当都行。"

"那是你自己考虑的问题，"西伦努斯说，"我的朋友犹奥尼苏斯只是从他父亲宙斯天神那里得来一项神力，把它又转授给我，以满足你提出来的任何一个希望——也只能是一个希望。如果你现在改变主意，提出要撤销这个希望，我还是可以满足你的，但别的要求我可再无能为力了。"

"我再也没有任何要求，"米德斯急切地说，"请你赶快撤销我上次所提的那个希望吧！"

"好吧，"西伦努斯说，"请你走到帕克托奴斯河边去，把你的双手在那干净的河水里洗一洗。然后你再回到你的宫里来，取一个水桶去舀一桶水，亲自提回来——可不能像平时那样，什么事情都叫仆人来干。你把水洒到你摸过的东西上，那么它们就会恢复原形了。"

说完，西伦努斯就又不见了。

米德斯这时也忘记自己是一个国王。他不敢骑马，也不敢要人抬，而是连奔带跑地向帕克托奴斯河奔去。他在清亮的河水里洗净了手，然后又跑回宫里，拿起一只木桶，再往河边跑。西伦努斯的话没有错，这只水桶没有再变成金的。米德斯觉得好像身上卸下了一个沉重的包袱，感到一生从来没有过的轻松和快乐。他把桶盛满了水，又提回宫里，虽然累得满头大汗，但是说来奇怪，他也一点没有感觉到他失去了国王的尊严。他只是感到身心的"解放"。

他提着那桶水首先来到他心爱的女儿金玛莉面前。他把手伸进桶里，然后把水滴到女儿的脸上、身上和脚上。没有多大会儿工夫，女儿便恢复了生命。她可以动了，她金色的皮肤又变成了玫瑰色。但是她却放声大哭起来，因为她心爱的猫儿对她的抚爱没有做出任何的反应。米德斯马上又在猫儿身上弹了几滴水，它这才复活了，叫了一声："喵……"

"这是怎么一回事呀，爸爸？"金玛莉问。

米德斯把事情的经过告诉了她。于是他们父女俩便一同来到花园里。用同样的办法，米德斯使那些变成了金子的花朵又恢复了原形和生命。

这时米德斯又突然感到饿了。他已经忘了他多长时间没有吃过东西。他回到餐厅里，向餐桌一望，桌上摆的食物都只是单调的金子，这时不知怎的，他对金子忽然产生了一种难以形容的厌恶和反感。他立刻洒了几滴帕克托奴斯河的水在它们上面，它们就又散发出食物诱人的香味来。

他不等仆人搀扶，就坐在餐桌旁边狼吞虎咽起来。真痛快！他觉得一生中没有吃过这样可口的饭菜。

从此以后，米德斯再也不想金子了。他每天用大部分的时间在花园里劳动。他觉得一般花草比金子可贵。当然这只是米德斯个人的感受，并不说明金子真的毫无用处。米德斯点金的功能被帕克托奴斯的河水洗掉了，但它却融进河里的沙中，因此后来许多沙里都含有金子。勤劳的人们把它淘出来，还可以用它维持生计，因为它究竟还具有一定的特殊使用价值——许多其他金属都不能代替。

两棵水仙花

"回声"是一位美丽的仙女，她生活在山林和水泽之间。她每天不是在山上的树林中跳舞，就是在溪水涧①边唱歌，既活泼，又可爱，见到过她的大小神仙没有哪个不喜欢她的。但她仍然是那么天真和热爱生活，即使有许多年轻的仙子对她表示爱慕，她也不怎么动心。她只是与一些和她年龄不相上下的仙女在一起游乐，伴着她们欣赏大自然的美景和她们自己的青春。但她是一个心地非常善良的仙女，她的游伴中如果有什么人为烦恼所苦，她总是愿意放弃自己的享受，尽力帮助、安慰她们。

有一天天神宙斯来到她们中间，他说天上的事情太烦，他想到山林间来舒舒筋骨，散散心，和山林间的仙女们在一起跳舞，同时也欣赏欣赏她们的歌声。但他到了山林中来也并不能完全摆脱他的烦恼，因为他的妻子赫拉是一个非常爱嫉妒的女人：他走到哪里，她总要跟到哪里——当然是秘密地在后面随行，表面上不让宙斯知道。但这是公

----
① 涧：山间流水的沟。

开的秘密。每次她的嫉妒心一发作，她就会出场了，许多无中生有的事情也就会发生，多么美好的良辰美景也会遭到破坏。

"回声"很同情宙斯的这种处境。

当这位天神来到仙女们中间的时候，他虽然是喜笑颜开，但"回声"还是在他脸上发现有某种阴影，她猜到了他的顾虑。

"你和我的朋友们尽情地在一起游乐一番吧，"她对宙斯说，"我去陪你的夫人，使她也能专心欣赏这里的美丽风光。"

于是她便独自退出了这快乐的场合，到宙斯刚走过的那几座山上去找赫拉。果然不错，在一个隐蔽的小径上她瞥见了她，赫拉正在用窥探的眼光秘密地侦察宙斯的动静。"回声"立刻走上前去，装作是偶然与她相遇的样子，深深地向她行了一个屈膝礼，表示敬意。接着她便问：

"难得见到您到我们的这个山林里来。如果您是想要看看这里的风景，我愿意当您的向导，这里可看的东西确实不少。"

赫拉也只能说她是想到这里来看看风景，没有别的用意，因此"回声"这样好心的建议，她也不便公开地拒绝。她点了点头，表示同意。

"谢谢你的好心。"她说。

于是"回声"便领着她穿过树林和草地，小溪和山涧，使她离宙斯所在的地方越来越远。为了使她的思想不要老在宙斯身上纠缠，她就给她不停地讲些山林间的掌故和传说，当然也描绘了不少山林的风光。赫拉听着听着，忽然意识到了她失去了宙斯的线索。一意识到这一点，她当然就恼起来了。她觉得"回声"是在有意转移她的注意力。

"你的话太多了！"她生气地说，"你这个小丫头，你恐怕不是自愿来当我的向导吧？你有什么计谋，快讲出来！"

她没有想到，她的这一发问反而激怒了自己。她不等"回声"回答，就已经采取了报复的行动。她立即施展她的法术，剥夺了"回声"说话的功能。"回声"从此就成了一个半哑巴。她只能重复人们所讲的话的最后几个字音。赫拉看到她起了这样的变化，也就满足了，便把她扔在一边，自己去追寻宙斯。她给宙斯又制造了什么纠纷，这里没有细述的必要，因为他们之间以后的事就不再牵涉到"回声"了。

"回声"也不再是原来的"回声"：她不能再说出成句的话语了，只能重复别人讲话的尾音——她的名字"回声"就是这样得来的。

当她一听到猫头鹰叫的时候，她只能唱出："咕洛——咕洛——咕洛。"

当她一听到青蛙鸣的时候，她只能发出这样的声音："咽——咽——咽。"

当她一听到黄鹂鸟唱的时候，她只能做出这样的反应："滴丽——滴丽——滴丽。"

她的生活变得真是单调极了——单调得可怕。她也没有办法和其他仙女们表达感情，其他的仙女们也就慢慢地离开了她，因为她们无法和她讲话。这时她感到说不出的孤寂。她从来没有像现在这样，迫切地觉得需要有真正理解她的人。

就在这时候，在她这单调和苦恼的生活中，忽然发生了一件事情。有一天她在树林中漫步的时候，猛一抬头，看见了一个年轻猎人。

"难道我的眼睛在发花吗？""回声"问自己，"的确，这些时日我失去了说话的功能，心里非常郁闷，总是睡不好觉，精神有些恍惚。"

她揉了揉自己的眼睛，忽然大睁着，再仔细地向前望了一眼，她的眼睛并没有发花：她的前面清清楚楚地站着一个年轻的猎人。他长得英俊而清秀，这样美貌的年轻男子，一个女子在她一生中很难得遇见。他赛过一般神仙。他也正是一个神仙：他是河神西菲尔斯和山林女仙丽莉奥贝所生的一个孩子，具有神与仙的一切优点，因此长相和身材也都非常好看。他是一个稀有的美男子。"回声"当时就被他迷住了。他的名字叫作纳尔瑟索士。她连连倒退了两三步，她是那么为他的美所震惊。

"啊，如果这个美丽的年轻猎人能够对我说出几个温柔的字句，"她对自己说，"哪怕我只重复它们的尾音，我也会感到极大的安慰和幸福！"

但是"回声"一点也不知道，正因为纳尔瑟索士是那么好看，命运女神奈米细斯特对他作了一种令人感到遗憾的安排——她自认为是一个公平的神祇①。在安排人们命运的时候，对于那些幸福的人她总是配给一些不幸和痛苦；当然，对于那些不幸和痛苦的人，她也配给一点幸福。照理说，纳尔瑟索士是幸福的，"回声"是不幸的，把他们两个人的命运互相调和一下——这也就是说，让他们两个人结合在一起，那么也可以真正称得上"公平"了。但是她却不是这样，她没有想到这一点，她就是那么一个片面性很强的女神！当然，她作为一个女性，也并不是没有嫉妒心，她不愿其他仙女获得他的感情。

因此纳尔瑟索士丝毫也没有理睬"回声"。命运女神在他的身上"平均分配"的结果，使他对于任何女性都没有感情。这并不是说他不爱美。但他爱的只是他自己的美，把注意力只集中到自我身上，而完全忽略了别人，特别是异性——这也是命运女神对他的作弄。"回声"有她特殊性格和品质的美，但是他对此好像没有眼睛。他径直从她旁边走过去了，头也没有回一下。

但是"回声"却跟着他走——当然不是那么明显。她

①神祇：这里是天神的意思。

一会儿藏在这棵树的后面，一会儿隐在那个灌木丛中间，但是她总没有离开他的背影。这样藏藏躲躲了一阵子以后，不管她的脚步声多么轻巧，终于还是引起了纳尔瑟索士的注意，他掉过头来，发现了她。

"喂！"他叫了一声。

"喂！""回声"重复着。

"你是谁？"他又问。

"谁？""回声"又重复着。

"你就住在这山上吗？"他再问。

"这山上吗？""回声"又再重复着。

"你是一个傻姑娘吗？"他再问。

"傻姑娘吗？""回声"也这样重复着。

这种无意义的重复，使纳尔瑟索士恼了。他是那么以自我为中心的一个男子，他一点也没有注意到"回声"脸上那副温柔、和蔼、对他表示爱慕的表情。他转身就走，怒气冲冲地说：

"滚开！"

"开！""回声"也只能这样做出反应。但在她重复这个字的时候，她的声音却是那么温柔，不过她的双颊布满了泪痕。

她的心碎了，她知道她没有希望赢得纳尔瑟索士的感情。她成了山林中一个最痛苦的仙女。虽然她被失望和痛苦所侵蚀，但她却没有忘记这个年轻的猎人。在失望和痛苦的折磨中，她一天一天地变得消瘦、枯焦，最后她便渐渐从这青枝绿叶的山林中消逝了，留在这人间世界的只剩下她的"回声"。

可怜的"回声"的生命虽然结束了，但有关她的事情并没有就此完结。爱情女神亚芙洛黛德听到了她的不幸，觉得无情的纳尔瑟索士应该受到惩罚。结果在这个年轻猎人的身上就发生了这样一个变化：

有一天当他正在打猎的时候，他来到一个清明如镜的小池旁边。他感到口渴，于是他便弯下腰来，想捧起一点水喝，这时他忽然看见自己映在水中的倒影。他微微一笑，水里的倒影也微微一笑——笑得那么动人。他那以自我为中心的特质，便马上发挥了作用。他不停地欣赏自己的倒影，欣赏得完全入了迷，以至于他也忘记了自己，当然也就忘记了离开水池。他在那里一连欣赏了几天，对着那水池不停地微笑，不停地点头，最后连饮食都忘记了。结果他也像"回声"一样，慢慢地变得消瘦了，最后就倒进池里，结束了他的生命。他的结局完全与"回声"是一样，只是方式不同罢了。

这个共同点说明了什么呢？这是山里的林泽仙女们所要问的一个问题，因为他们的死亡的消息已经引起了她们的震动，她们又关心起他们来——虽然为时已晚。她们很惋惜这对男女仙子的遭遇。为了表达她们对他们的眷念，她们都聚集在这水池旁边，想把纳尔瑟索士的遗体捞上来，给他举行一个葬礼，以结束她们对他以及为他而先辞别了这个世界的"回声"的哀悼。

　　但她们在水池里什么也没有找到，只发现两棵新鲜的水仙花。一棵长得相当高，一棵长得比较低，它们紧紧地偎在一起，倒很像一对恋人。它们是不是纳尔瑟索士和"回声"的化身呢？这是她们提出的一个问题。也许这两位男女仙子死后摆脱了诸神——特别是搞片面性平均主义而又有些嫉妒的命运女神——的控制，他们俩终于恢复了本性，为彼此的美所吸引，最后决定结为终身伴侣。是的，大概是这样——这也就是山里林泽仙女们共同最后做出的一个结论。

王子和渔夫的故事

在古时候，丹麦有一个国王，他在他的国家里进行了一段相当长时期的温和统治以后，也像普通人一样，不得不离开这个世界了。当他躺在床上快要断气的时候，他传旨叫人把戈达伯爵招来。他认为这位伯爵是他最可信任的一个大臣，因此他就委托戈达伯爵，在他去世后照顾他的独生子海鸟洛。戈达伯爵当时就在祭坛面前宣了誓，答应国王一定忠心地保护这个王子，在他没有成长起来以前，代他掌管国家大事，到他长大成人，可以继承王位了，就把政权交回给他。

可是当老国王进入坟墓以后，戈达忽然发现他成了丹麦的真正君主，所差的只是没有正式戴上王冠罢了。"绊脚石"只有一块，就是那位孤零零的王子。他不由得琢磨开了：为什么不把国王的权力一劳永逸地抓在自己手里，然后世世代代传给自己的子孙呢？这个问题一提出，他很快就给了一个自己感到很满意的答案：篡位①。一想到

---

① 篡位：臣子夺取君主的地位。

篡位当国王，他的一切顾虑都没有了，胆子也大了，许多阴谋诡计也在他的脑子里冒出来了。这一来，他觉得，有这个作为合法继承人的孩子存在，他的阴谋就不太容易实现了。

他决心杀害这个年幼的海乌洛。

主意已定，戈达就着手把他的计谋付诸实施。但他不想亲自动手，因为他还有些害怕，如果这孩子哭叫或苦苦向他哀求，他的双手可能颤抖，因而影响他的计谋得逞——至少会把事情办得拖泥带水，不干净利落，留下后患。因此他得先想办法搞掉这个孩子。戈达不仅是一个大臣，还是国内数一数二的大财主，拥有无数土地和山川，还有一大群农奴。于是他想叫他的一个农奴来干这件肮脏的勾当。这个农奴名叫格林，是专门打渔的。他便派人把格林找来了。

"格林，你是我的奴隶，你知道吗？"他问。

格林面色发白，连忙作揖打躬。他不知道自己又犯了什么"罪"了，因为只要老爷说你有罪，你就不能说没有，只有等着屁股挨板子的份儿。

"知道！知道！"他恭恭敬敬地回答，"我生来就是你的奴隶。"

"你能记住这一点很好——我就是喜欢这样听话的人，"戈达伯爵说，"好，我准许你——抬起头来看看我！"

渔夫把头抬起来。他惊奇地发现，这位老爷不像过去那副要吃人的样子了，相反，他那挂着一堆横肉的脸上还挤出了一丝微笑。戈达把这个微笑保持了足足三分钟，好让这个老奴隶看个够。

"好，你现在可以低下头了。"他说，"我今天要对你开恩，赐给你自由。但有一个条件：你必须给我做一件事。这件事做好了，我还会额外给你奖赏。你愿意不愿意？"

格林连忙打躬作揖。

"老爷吩咐的事，哪有不愿意的？"他说，"我一定照办。"

"那好吧——你可不能反悔！"戈达说，"你听清楚了：我这里有一个孩子，你把他带走。我要你在他脖子上系一个铁锚，把他连铁锚一起扔进海里去，绝对不能让他再浮上来。最晚明天天亮以前得做完这件事，你的自由也就是从明天开始。"

渔夫一听，大吃一惊。可是主人的吩咐，他一贯得无条件地服从——主人从不准许他采取另外一种态度，这次要不要服从呢？他暗暗地在心里问自己。服从了，从此他就可以获得自由，诱惑力不能说不大。但尽管自由对他如此可贵，害一条人命，却是他的良心承担不了，怎么办呢？他一反常态，对主人的这项吩咐犹豫起来。这时候，戈达已经把那个幼小的王子从后房里拖出来了。他亲自把一块布片塞进这孩子的嘴里，使他不能叫喊。然后他扔给格林一个麻袋和一根绳子。他双眼盯着渔夫，面色非常严厉，又恢复了过去那副杀气腾腾的样子，等待渔夫执行他的命令。渔夫没有办法，只好把孩子装进麻袋里，用绳子把口袋扎好。他什么话也没有说，把袋子背起来，就回到家里来。一路上，他的心情和他的步子一样，非常沉重。

回到家里，天已经黑了。他把麻袋放到墙脚边，胡乱地吃了一点东西，便倒在床上睡了。他的妻子以为他太累了，什么话也没有问他，就去收拾厨房。为了使他能够安静地休息，她也不再干别的事，灭掉了屋里的灯，自己也在他身边不声不响地躺下来了。但是渔夫却怎样也睡不着，不住地唉声叹气。他的妻子不知道到底发生了什么事情，就问道：“你有什么事，这样不舒服？”

“嗨，有什么事？”渔夫说，“戈达主人答应我，明天天一亮，我们就可以自由了——我们就是自由人了！”

“那是天大的喜事呀！”妻子立即兴奋起来，“我们应该高兴呀！你还唉声叹气干什么？”

“这个自由人我不能当，”渔夫说，又叹了一口气，“条件太苛刻了——我不能干！”

“你这辈子吃过多少苦，遭过多大罪呀，还有什么事你不能干？为了自由，再苦再累也要干呀！何况主人的吩咐，不干也得干呀。”

“这件事，就是不能干！”渔夫用坚定的口气说，因为他越想，越觉得这件事不能干，“你去瞧瞧墙脚旁边我背回的那个袋子，你就知道了。"

妻子早就想去看看袋子里装的是什么东西，只是因为怕干扰丈夫的休息，就没有去碰它。她打算在第二天早上丈夫起床以后，再去把它解开。现在丈夫既然叫她去瞧瞧，她立刻跳下床来，点上灯，走到袋子旁边先瞧了瞧。她看见袋子里像有个什么东西在动着，还听见里面发出轻微的喘息声。她明白这里面是什么东西了，顿时吓得大叫一声："哎呀！"同时倒退了两步，手里的烛台差点也掉了下来。渔夫急忙跑过来，扶住她。

"不要怕！"他说，"袋子里装的是一个孩子。"

他走过去把袋子解开，把那个孩子抱了出来——一个长得挺周正①的孩子，约莫有五六岁，骨架很粗；不过，这孩子面色惨白，显然已经被憋得半死了。他们连忙把他嘴里塞的那块布掏出来。

妻子连忙问道："这是怎么一回事？这是怎么一回事？"

渔夫半晌没有作声，只顾去解开绑在孩子身上的绳索。孩子睁着一对惊恐的眼睛，望了望这对夫妇，接着又望了望大门——门洞那儿是一片漆黑，他本能地想要逃走，马上找个地方藏躲起来。渔夫连忙把他按住，轻轻地在他背上抚摸着，叫他不要怕。他的妻子也连忙跑到厨房去倒来

_____
① 周正：端正。

一杯水，递给他。这个孩子正渴极了，他顾不得害怕，接过水，咕咚咕咚一口气就喝光了。这时他已经看出渔人夫妇不像是要害他的样子，便慢慢平静下来了。

"这究竟是怎么一回事呀？"渔夫的妻子盯着丈夫问，"你向来有话就说，从不像今天这个样子！"

渔夫看看孩子，又停下来。可是妻子那追问的眼光牢牢地盯着他，他只好又叹了一口气，继续说："好，我就说吧，也让这个孩子亲耳听听。不过，孩子，你不要怕。只要你在我们家里，你就不要怕了。"

于是，他一口气把事情的经过从头到尾讲了出来。

他的妻子听着，吓得脸色发白。孩子更是吓得全身颤抖，像是发了冷热病。渔夫连忙把孩子抱到怀里，柔声地安慰他："别害怕，孩子，我不会害你的。"

"戈达老爷的心肠太歹毒了。"他的妻子说，"你说得对，我们不能干这种伤天害理的事。我们是凭干活吃饭的人，为什么要无缘无故地替别人害一条人命？这还是个孩子呀，他做过什么坏事，以至于要把他处死？"

渔夫点了点头。

"咱俩平时遇事抬杠，今天咱俩的看法倒是一致了。"他说。于是他轻轻地问孩子："孩子，你是什么人的儿子？你家跟戈达老爷有什么仇？"

海乌洛抬起头来，望了渔夫一眼。渔夫的脸色非常温和，他再也没有什么可害怕的了。

"我是不久以前死去的国王的儿子——海乌洛。"他断断续续地说，"我家跟戈达伯爵没有什么仇，只是我的爸爸把我交给他抚养……"

渔夫和他的妻子听了孩子的话，就全都发起抖来。他们想，他们险些犯下一桩不可饶恕的罪过。

"国王是戈达伯爵的恩人，哪能谈得上有什么仇？"渔夫说，"我们大家都知道，国王临死时下过诏书，把国家大事交给戈达伯爵代管。但是我们不知道国王把孩子也托他抚养。谁想他竟干出这样的事，叫我这个可怜的渔夫替他当凶手。嗐，他们这些大臣，没有一个靠得住！嘴上说得好听，暗地里尽干没良心的事。

"要是国王没有早死，"渔夫的妻子说，"王子有一天继承了王位，那他可就神气啦，眼里还会有我们这些穷人？"

"你这话当然不错，但他究竟是个孩子。"渔夫说，"我们穷人不是那种害人的人呀！该怎么办？他也没有害过人。看他骨架粗大，长大了还会有一把气力。只要他凭气力干活，生活也不会差。"

孩子听了渔夫和他妻子的这番对话，觉得他们不会害他。

"请不要杀死我，"海乌洛哀求着说，"我做梦也没有想过要害人，我将来长大了也一定不害人。"

"这样就好。希望你像你说的一样，将来长大了也不害人。你放心，孩子，我绝不杀死你——如果我要这样做，我就不背你回家了。"渔夫说完这话就掉头向他的妻子，补充说："亲爱的，快去弄点东西给他吃吧，他饿了。"

妻子没有再讲什么，便走进厨房里去了。渔夫又让海乌洛在桌子旁边的一张椅子上坐下来。不一会儿渔夫妻子拿来一个大黑面包、一块干酪和一小罐牛奶，放在桌上。海乌洛这时已经消除了对死的恐怖。他像好几天没有吃饭，狼吞虎咽地把整个面包全吃完了，牛奶也喝得一滴不留。说来也奇怪，虽然他是一个王子，但他觉得他从来没有吃过这样香甜的饭食。在他吃这些东西的时候，渔夫妻子又转身到屋里去，为他把床铺好。渔夫还亲自送他去睡，叫他不要再害怕，他一定保护他的生命。

海乌洛实在很累，一上床就睡着了——他也同样觉得，他从来没有睡过这样舒服的床。但是渔夫格林却怎样也睡不着。他在想，第二天他该怎样去向戈达伯爵回话。他一直想到天亮。然后，他穿好衣服，嘱咐他的妻子要把这件事对自己的三个孩子仔细说清楚——因为他昨晚回家时，这三个孩子已经睡着了，不能让他们把家里的秘密泄露出去。接着他便出门，去见伯爵。

"那个孩子，我完全照您的吩咐处理掉了。"他站在戈达伯爵面前，毕恭毕敬地说，"我在他的脖子上系了一个很沉重的锚，我把船一摇到海中心，就把他推进水里去了。他再也不要想钻出来吃我们人间的面包了！"

伯爵什么也没有说，只是严肃地望了他一眼。这一眼正像一支箭，直穿透他的心。格林不禁打了一个寒噤。他原来期望戈达能够守约，正式宣布从这时起，他就可以恢复自由，并且还赐给他一笔"奖赏"。看来，这两件事现在都不能提了。好在他自己也没有守约——这个约也不能守！他只希望戈达不再向他追查核实就是了。于是，他连忙深深地鞠了一躬，就告辞了。他刚走到门口，这位伯爵忽然喊了一声：

"站住！"

渔夫格林又毕恭毕敬地站住，掉过头来望着戈达。

"听着！"戈达以命令的口气说，"滚回家去，你这头蠢猪。过去你是怎么样，现在你就还是怎么样。奴隶就是奴隶，是不能当自由人的。至于赏赐，对你说来，那只有断头台——如果你不听话的话！"

格林只好"滚回家去"了，他也乐意赶快"滚回家去"。他一路走，一路想：这个戈达老爷真是一个恶棍，既欺上，也欺下，我现在算是亲眼看见他的真面目了！渔夫庆幸他违抗了戈达的命令，没有照他的吩咐办。但是，这个恶棍现在手里篡夺了大权，他喜欢干什么就干什么，一般老百姓对他根本没有办法。如果他发现海乌洛还活着，那么不仅这个孩子的生命保不住，他一家人也别想再活命了。他想来想去，觉得没有别的出路，只有远走高飞。

他一回到家来，就偷偷地把一切东西都卖掉，只留下渔网和他那只小渔船。他把渔船装备好，作了远航的准备。接着他便把他的妻子和三个儿子都送到船上——当然也没有漏掉小小的海乌洛。然后他便在夜里偷偷起碇①，离开了丹麦。

他们离开海岸还不到四五里路，一股强烈的北风就忽然吹起来了。这股风一直把他们一家和那个小小的王子吹到了英国的东海岸。他们划进洪贝尔海汊，最后在一个地方登陆——这个地方后来叫格林埠。

戈达伯爵的势力达不到这里，格林再也没有什么可害怕的了。他为自己搭了一个小茅草屋，又重新开始当起渔夫来。他捕大菱鲆鱼、鲟鱼、鲱鱼、鲭鱼、七鳃鳗……这些鱼，由他那几个身材壮实的儿子背到内地去卖——有时甚至跑到像林肯那么远的地方。然后他们从那里买回一些粮食、副食品，还带回一些织渔网的麻线，以及诸如此类他们那个简单的家庭所需要的一切东西。他们现在生活得很安静，日子也勉强过得去。海乌洛在他们家里逐渐长大了。在这个家里，大家都把他当自己的亲人一样看待，谁也不和他见外。大家见他年纪小，也从不叫他干重活。

十二个年头过去了。海乌洛已经长成了一个身材魁伟的年轻人，也会经常考虑自己的问题了。他觉得他的养父和几个哥哥每天都在为一家的生活奔忙，而他们只让他干

---

① 起碇：碇就是现在的锚，用来固定船舶的。起碇就是起锚，开船的意思。

些轻微的工作，他太过意不去了。而且他的胃口特好，吃得比谁都多。所以他也开始尽量抢重活干。

"我的饭量比家里的任何人都大，"他在心里说，"我至少也应该赚来我自己每天所消耗的口粮。让别人扛起生活的担子，自己待在家里做轻松活，那太可耻了。"

他对养父提出要求：他也要像几个哥哥一样，背着鱼筐到远地去卖鱼。渔夫格林听了他这个要求，心里感到很高兴。他过去总认为他是一个王子，比起自己的孩子来，对他应该照顾得多一些。现在他自动要求和几个哥哥一样，一同来挑起这个家的担子，这说明他完全把自己看成是家里的人，感情已经像自己亲生的儿子——同时还像一个老老实实靠自己的劳力来养活自己的劳动者了。格林于是点头同意。他的几个哥哥也感到高兴。

从这天起，他也每天扛着一大篓鱼，起早摸黑，到远处的市场上去卖。卖鱼得来的钱，哪怕是一个铜子，他也要交给他的养父，绝不乱花一文。他真正成为一个劳动者了。他身材高大，体格结实。虽然他吃得比几个哥哥都多，可他跑的路也比他们远。当然他路越跑得多，吃得也越多，他的身体也一天天长得越发粗壮了，结果在他们那个地方，在和他同年龄的人当中找不到一个长得比他更壮的。渐渐地，他每天劳动所得，也不够填饱他这个"巨人"日渐增大的肚子了。

又过了些时候，这个地方发生了饥荒，粮食种下去都没有收成。五谷的价钱突飞猛涨，格林一家每天捕捞到的鱼，卖出去得的钱，也不足以维持这个大家庭的温饱了。渔夫感到最难过的是，只怕老国王的儿子没有被害死，却要被饿死了。于是他想来想去，只有叫海乌洛到别的地方去谋生，是唯一可行的一个办法。他便把海乌洛叫来商量，叫他到林肯市去躲过这场灾难。因为那里是一个富有的城市，他的气力又大，在那里谋生应该不太困难。这个小伙子听了这话，也觉得有道理，便同意了。

大家和他分开，都感到很难过。但是在这种荒年，又有什么办法呢？他和几个哥哥一样，一直穿得很破烂。渔夫妻子特地找了些渔船上的旧帆布给他缝了一套衣服。穿着这一套"新衣"，这位丹麦王子便打着一双赤脚，步行到林肯市去了。在那里，高得里奇伯爵正高高在上，统治着整个英国。

几年以前，英国本来也是由一个比较和善的国王统治着的：坏人害怕他，好人爱戴他，老百姓都过着平安的日子。可是很不幸，他没有儿子继承他的王位。他的独生女果苞珞年纪又太小，还不能登基当女王，来处理国家大事。他在快要死的时候，就把大臣们都召集来，征求他们的意见：谁能够暂时掌管朝政，并保护他的女儿，直到她成长起来，能够继承他的王位为止。大家都一致推荐康威尔的伯爵高得里奇。大家都认为他最可靠，是一个可以托孤的人。于是，这位快要断气的国王，便立刻派人去把高得里奇伯爵召进宫来。这位伯爵用了最神圣的一切名义宣誓，一定遵照国王的诏示，忠诚地抚养公主，代她管理国家大事，直到她长大成人继承王位为止。他还做出诺言，一定为她找一个最英武的王子当她的驸马，以便将来能帮助她保护王权。于是国王放心地闭上了眼睛。

这样，高得里奇就成了英国的最高主宰。等他把大权一拿到手，他也像丹麦的戈达伯爵一样，变心了。他把所做的一切誓言和诺言，和他对这个孤零零的公主应尽的责任，全都抛到了九霄云外。他开始谋划怎样篡权，怎样自己当上国王。最后，他也不隐瞒他的阴谋了。他干脆把果苞珞关到一座最坚固的城堡里，并且公开宣布他就是英国的国王，命令老百姓都必须对他效忠。他要尽了一切高压手段来达到这个目的，老百姓全都敢怒而不敢言，暂时默不作声。当海乌洛来到这个城市谋生计的时候，高得里奇正在大张旗鼓地宣布，要召开在他统治下的第一次国会。

在艰难的岁月里，找生活是不太容易的。海乌洛在林肯市既无亲戚，又无朋友。他在街头流浪了两天，一口粮食也没有吃到。到了第三天，他来到一个桥头，忽然碰见高得里奇的厨子正要找一个挑夫。这时，海乌洛就像在灰烬中发现了一点火星，马上跳过去，一连绊倒了八九个游手好闲的人，抢到厨子跟前去应征。厨子一看他这副模样，就知道他是一个有一把气力的人，便交给他一筐肉，叫他背到宫里去。他还给了海乌洛一块糕饼作为工钱——算是这个王子到这个城市来吃的头一餐饭。

当然，那么大点一块糕饼是不能止住他的饥饿的。第二天，他又跑到桥头那边去，希望还能找到一点工作。果然，那个厨子又来了。这一回他买了一车鱼。当他正要喊一个脚夫的时候，海乌洛又捷足先登，得到了这个差使。他举起一大篓鱼，顶在头上，不一会儿就送到宫里去了。

厨子感到大为惊奇：这么重的一大篓子东西，这个年轻人居然一人很轻松地运走了！简直是神力！所以，当厨房的佣人们把鱼篓从海乌洛的头上卸下来以后，厨子没有马上给他酬劳，只是问他愿不愿意在宫里当一名壮工。这厨子算计着这个年轻人每天干的活，可以大大超过他所付出的酬劳。

"当然愿意，"海乌洛迫切地说，"只要你给我吃饱，我什么活都可以干：挑水、生火、劈柴、剥鳝皮、洗碗……一句话，你叫我干什么，我就干什么！"

"这样就行。"厨子说，"你到那儿去坐一会儿吧，好好地饱吃一顿。这里有不少剩下的面包，还有汤。"

这样，海乌洛总算是找到工作干了。他按照厨子的吩咐，坐在一边饱吃了一餐。他那个饿瘪了的肚皮，一经填满，马上就产生出了新的力量。他立刻挑了满满一缸水。厨房里的其他仆人，从来没有看见过一个像他这样乐于干活，而又愿意帮助别人的人。只要有活，不管是什么他都愿意干，而且他干起活来，总是那么高兴，好像他是在过一个节日一样。他的体格强壮，性情却很温和；他既热心给别人出主意，又很谦虚；对于那些地位比他还卑微的人，他也非常和善。连那些最爱说长道短的仆人，都夸赞他的为人。孩子们也喜欢他，他也喜欢和他们玩耍，让他们戏弄他那巨人般的手脚，揪扯他那蓬松的卷发……所有的人都喜欢他，称赞他。厨子对找到他这样一个好帮手，也感到很高兴，还特地为他做了一身新衣服，把他那身用破船帆做的旧衣换了下来。他一换上这身新装，再加穿上一双像样的皮鞋和袜子，他马上就变成另外一个人了。人们发现：这个小伙子，是他们在林肯市从未见到过的一个最魁伟和最漂亮的青年。

有一次，高得里奇为了庆祝在他统治下的新国会召开，这位篡位的假国王举行了一个运动比赛。国内各个地区的著名健将，都被招来参加比赛。贵族、绅士、淑女们和市民也都来参观这番盛况。海乌洛也挤在人群中间观看。比赛项目一个接着一个地举行，不久便轮到举石比赛了。广场上有一块巨大的石头，只要谁有气力，能够把它举起来，抛出去，谁抛得最远谁就是优胜者。海乌洛从来没有看见过这种比赛，但是他觉得他也可以试试看。他的主人——厨子——也鼓励他参加，借此显示一下他的气力。

海乌洛大步走进了广场，挤进了参加比赛的队伍里。他们按次序走出来，举起这块石头，然后向前方抛去，看谁抛得最远。这些著名健将一个个全都累得气喘吁吁。最后轮到海乌洛的时候，他毫不费气力地就拿起了这块大石头，而且姿态显得那么轻松潇洒；然后他把石头举到肩上，使劲地往前掷去。石头远远地落下来了，比前面抛得最远的还要远十二尺。人们都惊奇得热烈地鼓起掌来。海乌洛获得了胜利，赢得了奖品。

所有的人，包括贵族和贫民，都在谈论他这个非凡的事迹。高得里奇也听到了大家的议论——他的骑士们都异口同声地称赞这个年轻人的气力。这件事触动了高得里奇的一桩心事。他要利用这个年轻仆人来达到他的罪恶目的。

"我曾经答应过国王，"他对自己说，"我将为他的女儿招一名最英武的人做她的驸马。现在这个蠢汉得到这么多人的称赞，如果我把这个蠢汉配给她，我的诺言不也就算兑现了吗？谁还能有什么话说？不管果苞珞愿意不愿意，海乌洛将成为她的丈夫，别的挑选是再也没有的了。"

他把果苞珞从城外的牢里提出来。为了装得他对老国王是忠诚的，高得里奇做出了一些虚伪的姿态，公开宣布果苞珞要进城了，命令城里教堂钟声齐鸣，表示欢迎这位公主来到林肯市。等果苞珞进了宫，高得里奇就直言不讳地把他这次释放她的意图告诉了她。

"我答应过你的父亲，"他说，"我将选一个最漂亮和最健壮的年轻人和你结婚。”

“不。你是答应我父亲给我找一个驸马。”果苞珞故意提醒他，因为她已经猜到他不怀好意，“可我现在已经不是公主了。我也没有什么心情结婚。”

“心情？你还谈什么心情？”高得里奇怒气冲冲地说，“什么驸马？你想得真美！难道你还想当什么王后，骑在我头上不成？只要我还活着，你就休想翻身。你只配嫁我的厨子的仆人！明天你就得成亲！”

事情就是这样。果苞珞怎么生气也没有用，痛哭也没有用。她现在完全在这个篡位阴谋家的控制之下，无法逃脱他的手掌心了。

高得里奇立即派人把海乌洛喊来。

“小伙子，你要一个老婆吗？”他问这个厨子的仆人。

“不要！”海乌洛说，并且大吃一惊，因为他没有想到这样一个有权势的人，居然关心起他的婚姻问题来。他老老实实地回答，“我怎么会要一个妻子呢？我既没有面包给她吃，也没有衣服给她穿。我没有住屋，也没有家什，连一根木头和一块砖也没有。甚至我自己身上穿的衣服也是厨子老爷给我做的——我是他的仆人。”

这种生硬而坦率的拒绝是高得里奇所没有料到的。他气得跳起来，一边叫骂，一边殴打海乌洛。

“如果你不同意接受我给你的这个女人做老婆，”他威胁说，“我将让你和绞架成亲，或者用一根烫红的铁条捅穿你的眼睛。"

这种恫吓实在是太吓人了。所有的老百姓现在都已经知道，这个过去他们以为是忠实于国王的大臣，不但是个篡位的阴谋家，而且是一个非常险恶残暴的人，什么事都干得出来的。海乌洛当然也知道。如果他再拒绝，他知道他会得到什么样的命运。他好不容易才从丹麦那个篡权阴谋家的手底下逃出来，现在却要在英国这个篡权阴谋家手中丧命，实在是太无意义了。他没有办法，只好答应。高得里奇立刻就把果苞珞喊来。他用同样威胁的口吻来逼她，还加上一条：如果她不立即同意，他将把她吊在绞架上，下边烧起火来慢慢把她烤死。果苞珞左思右想，觉得不应该把她的生命白白地葬送在这个阴谋家的手里，她也只好答应了。

高得里奇一分钟也不拖延。他立刻把约克主教请来，强迫这两个素不相识的年轻人举行婚礼。婚礼完毕以后，高得里奇给了新娘几个钱，算是作为她的嫁妆，接着他就宣布恢复她的自由，她可以和她的丈夫随便到什么地方去，最好是远走高飞，不要在他眼底下碍事——否则她要当心她的性命。

就这样，这对年轻的夫妇做了一对名义上的夫妻。因为他们素不相识，谈不上有什么爱情。果苞珞连对她丈夫讲话的心情都没有。她知道，高得里奇逼她和海乌洛结婚，这只不过是侮辱她的一种方式。她每天都以泪洗面，羞辱和忧伤时时刻刻在咬噬着她的心。对于她的这种冷漠，海乌洛也从不怪她。因为他也知道他们是被一个阴谋家强拉在一起的，为的是要侮辱和羞死这个女子。因此，海乌洛很同情她。他愿意尽可能地帮助她摆脱困境。但是他也不知道该怎么做才能达到这个目的。不过他们两人之间却有一个共同点：他们都受到高得里奇伯爵的迫害，而且迫害不会就此终止。他们当前需要急迫解决的问题就是赶快离开林肯市。但是到哪里去呢？果苞珞在牢里被关了那么久，什么也不知道，也找不到什么人来帮助她。

海乌洛征得她的同意，就把她带回到渔夫格林的那个茅草屋里来了。

渔夫格林已经去世了，这使海乌洛感到很难过。但是格林妻子和他三个儿子都还健在。饥荒也已经过去了。他们热情地欢迎这对年轻夫妇，并且请海乌洛和果苞珞跟他们住在一起。他们还请求果苞珞不要见外，就把这个茅草屋当成是自己的家。为了欢迎这对新婚夫妇的到来，他们一家还忙着杀鸡、生炉子、做菜……他们把家里所有的好东西都拿出来款待这对夫妇——这餐饭真正成了他们的结婚喜宴。

果苞珞是在宫廷里出生的，她的周围全是一些"贵人"，甚至带她的奶妈们也与一般人不同，都具有某种头衔和身份。到了她懂事的时候，她虽然被关进一个石堡，但这也与一般监牢不同，管理的人员也都是某种"官"。不过这些人表面上虽然都很威严庄重，但实际上都是冷酷无情，甚至是残忍的。因此她不知道人间还有温暖。这种温暖，她还是第一次在这家渔人的茅屋里发现。她感到更奇怪的是，她的丈夫虽然表面上是个粗人，但心地却是非常温和善良。比起那些小官、大官，简直是另外一种人。她不知多少次对他翻白眼，他不仅没有生气，反而表示谅解，总是耐心照料着她，这究竟是怎么一回事呢？

这天夜里，当他们两人睡在一起的时候，她再没有用背对着他。她翻过身来，低声地问起他的身世。

"我是一个孤儿，"海乌洛回答说，"要不是这一家人，我的命早就没有了。我是跟他们在一起长大的。他们教我学会干活，没有他们我也练不出这一身气力来。"

"你是个孤儿？"果苞珞问，开始对她的丈夫感兴趣，"我也是一个孤女呀！你的父母是谁？"

海乌洛叹了一口气。

"一言难尽。"他说，"明天你去问格林妈妈吧。我要说下去，你今晚就得不到休息了。明天我们还得早起，得跟大家一道干活。"

第二天早上，果苞珞帮助格林妈妈料理完家务，做好早饭后，她们就坐在茅草屋门口，等待那天一亮就出去打渔的三个兄弟和海乌洛回来吃饭。她们两人，天天在一起生活，一起劳动，已经建立起了相当深的感情，像母女一样了。果苞珞就向格林妈妈提出了她问过海乌洛的问题。格林妈妈还没有回答，就眼泪汪汪了。她把戈达伯爵要处死海乌洛，以及这个幼小王子得救的经过，都原原本本地对她讲了出来。果苞珞一边听，一边也禁不住直流眼泪。

"没有想到，他居然长大成人，而且还和你这样一个好姑娘结了婚！"格林妈妈讲完了以后说，"真不容易呀！你呢？果苞珞，你是谁？我们一直想知道，但总觉得不好意思问。"

这时果苞珞更了解这一家劳苦人了，同时也更了解她的丈夫海乌洛了。她的眼泪流得更加厉害。她一边呜咽，一边把她的身世和她多年被囚禁在古堡中的痛苦生活，也从头到尾都讲了一遍。格林妈妈一听，几乎就和第一次见到海乌洛那样，感到非常惊讶。

"不要哭。"格林妈妈撩起裙裾，给果苞珞擦干眼泪，柔声抚慰她说，"你总算没有白受苦。虽然没有父母来关心你长大成人，但千差万错，你总算找到了一个合适的丈夫。他是王子，你是公主。谁也没有你们相配得这样好——这也是人生的一件大事呀！我现在真高兴！"

果苞珞哭得更厉害了。

"这怎么说呢，妈妈？"她开始把这个老渔妇叫作"妈妈"了，因为她意识到，许多年来还没有人像这家人那样一片热情地关心过她。"王子也好，公主也好，这给我们带来了什么呢？我们要感谢的，是你们一家呀。没有你们，海乌洛早已经不在人世了，我恐怕也还被关在古堡里——那里是多么阴沉可怕啊！现在和你们在一起，我们倒是真能自由自在地呼吸空气了……"

格林妈妈连忙摇摇手，打断她的话，说：

"快不要这样讲！如果高得里奇知道你的丈夫是什么人，如果戈达听到海乌洛还活着，那可不是好玩儿的。他们这伙阴谋家，不像我们，总是心毒手狠的呀！你说是不是？你知道的该比我更清楚……"

果苞珞好半晌说不出话来。最后她点了点头。

"我太清楚了，妈妈。"她说。

正在这时候，那几个一大清早就出去打渔的年轻人回来了。他们听到了果苞珞最后讲的这句话。他们放下渔网和鱼篓，就走到格林妈妈身边来，准备吃早饭。

"什么你'太清楚'了呀，果苞珞？"海乌洛亲切地问，对她感到前所未有的亲热——他们现在已经相互了解很深了，"讲给我们大家听听！"

"你问格林妈妈吧！"果苞珞引用了丈夫头天晚上对自己说的那句话，"妈妈会说得更全面些。"

格林妈妈不等他再问，就把刚才她和果苞珞谈的事情全都讲了出来。直到这时候，海乌洛才知道自己的妻子是个公主，而且，命运和自己一模一样。

"孩子，你和果苞珞真是很相配的一对。我也算没有白白地看你长大。但是不要忘记，他们那些篡权的人可都心毒手狠呀！你们不能不提防。果苞珞说她'太清楚了'，就是这个意思。"

海乌洛沉思起来，这勾起了他的一大堆回忆。

"这帮人对我们两人心毒手狠，"他说，"对老百姓也从没有仁慈过。高得里奇明明是用诡计夺得了王位，但又怕人议论他。听说，他只要一怀疑谁，这个人就没有命了。我们在他鼻子底下，也真像妈妈说的一样，不能不提防！"

"唉……"格林妈妈叹了一口气，"在我们丹麦，事情还要更糟哩。前些时有一个打渔人，乘着一只渔船偷偷地跑到这边来。他说那里的老百姓快要没有饭吃了。戈达那个篡夺王位的老奸臣，发现我们一家人不见了，就怀疑你还没有死，害怕有人把你藏起来。他天天派人到各地搜查，不管什么人，只要他一怀疑，就抓去投下监牢。真不知捏造了多少冤案呢。他篡夺王位是为了权，有了权他就好搜刮压榨老百姓。就是他不怀疑的人，现在日子也过不下去了。他天天搜刮，谁能受得了？唉，我们现在在这里安然吃早饭，那边该不知有多少人在受苦呢！"

大家都沉默起来，话谈不下去了，还是海乌洛最后打破沉寂。

他说："我得回丹麦去！我现在已经长大成人了。我要报仇，我也要为那些受害的奴隶报仇！我要让大家知道我并没有死。我要让老百姓知道，戈达是一个篡权的大奸臣。我得回丹麦去！"

谁也没有料想到海乌洛会说出这一番话。大家的视线都集中在海乌洛的身上。看着他这副魁伟健壮的体格，和那透露着勇敢和智慧的面容，说来也奇怪，大家对他忽然表示的这个决心，一点也不感到荒唐。他们都相信他：他可以去报仇，他能够去报仇。他们不约而同地打心里赞成他的这个主张。果苞珞还表示，她在"妈妈"身边会过得很好的，他可以放心，她一定耐心地等待他报了仇回来——如果可能的话，还要为她报仇！事情既然是这样决定了，海乌洛就立即准备动身，回到他那多年未见的祖国去。格林妈妈一家把他们那只小渔船让给他，作为把他送过海的工具。他们还把家里的一点值钱的东西送给他，作为他在丹麦的生活费。在他临行前，格林妈妈还交给他一个地址。

"这是你格林爸爸的一个老朋友——一个强悍的有胆量的人，"她对海乌洛说，"他的名字叫贝尔纳。他在农忙的时候种庄稼，农闲的时候下海打渔。你只要找到他，你就不怕了。祝你一帆风顺！"

"好妈妈，你真是我的好妈妈！……"

海乌洛激动得再也说不下去了。

格林妈妈的祝福倒也真起了作用：一股顺风把海乌洛乘坐的那只小渔船吹得像海上的一根海鸥羽毛，非常轻快，一直把他送到了丹麦的西海岸。

　　事情也真凑巧，格林妈妈给他介绍的那个贝尔纳就住在西海岸。当然，海乌洛并没有能一登陆就找到这个人。他把格林妈妈一家送给他那些有用的和比较值钱的东西随身带着，装成一个小贩的模样，在西海岸一带的村落和那些孤零零的渔户门口兜售，借以打听贝尔纳的下落。他惊奇地发现，这里的农民和渔人比在高得里奇统治下的英国老百姓还要穷困好几倍。他们穿得很破烂，比他逃到英国去时穿的那件破船帆做的衣服还要破。至于吃的，从人们那面黄肌瘦的样儿也就可以想象得出来了。他带来的什么东西也没有能卖掉。好在当小贩只不过是掩人耳目①的一种方式，他真正要做的事是找到贝尔纳。

　　他这样到处打听。他渐渐发现了一种奇怪的现象：他一提到贝尔纳的名字，被问的人脸上立刻变了颜色，同时连连摇头，表示不知道，接着就走开了。于是海乌洛推测，贝尔纳一定还活在人间，而且就在这个地区。因为很明显，人们虽然表示不知道他，事实上却都认识他，只是由于某种顾虑而不敢谈到他罢了。这情况更加强了他一定要找到贝尔纳的决心。但是他所遇到的困难并不止这一点。一个最大的威胁是他在挨饿：这里大家都没有东西吃，他即使有钱也买不到任何食物。他已经两天没有吃到东西了。

　　第三天，当他正从一个渔村走出来的时候，他发现背

---

① 掩人耳目：意思是堵住人的耳朵，遮住人的眼睛。比喻迷惑欺骗别人。

后有一个衣衫褴褛^①的年轻渔人在远远地尾随着他。他想这里面必定有蹊跷，但是他并不感到害怕。因为他知道，他那一身气力，不要说一个年轻人，就是十个年轻人，他也能应付得了——尽管他现在已经有两天没有吃饭。他故意放慢步子，等待这个年轻人到来。果然，这个年轻人慢慢地走近他了。他停下步子，掉过头来。一看他倒放心了：这个年轻人瘦得可怜，也不像是想要找他麻烦的样子。

"你是找我的吗？"他问这个年轻人。

"我只是想问你一句话，"年轻人说，"你为什么要打听贝尔纳？"

"因为有一个叫作格林妈妈的老渔妇托我给他带来一个口信，"海鸟洛说，"受了人家的托，总不能失信呀！"

"格林妈妈？"年轻渔人沉思了半晌，好像在努力回忆一件什么事情，接着又问，"他们还活着？"

"不是活着，哪还能为他们带口信？"

年轻渔人又沉思了半晌，终于用肯定的语气说："来，我带你去见贝尔纳！"

贝尔纳就住在海鸟洛刚才走过的那个小渔村后面。那里有一间小茅屋，是渔人干活时避风的一个地方，平日没有人在这里居住。贝尔纳也并不住在这里，他只是有事才到这一带来，来了就在这里歇脚或过一宿。那个年轻渔

---

① 衣衫褴褛：衣服破旧。

人把海乌洛带来介绍给贝尔纳之后，便离开了。贝尔纳有五十来岁，看得出他的身体由于饥饿也很消瘦，但他却显得精力充沛，那对深沉的眼睛闪闪发光。他打量了海乌洛一眼，接着便详细地盘问了他的来历。海乌洛发现他的话虽然问得很尖锐，但看得出他并没有什么恶意，只不过想弄清真实情况罢了。于是，海乌洛觉得，对这个人是可以把真实情况讲出来的。

贝尔纳听完了他的叙述，立刻对他表示非常热情，好像遇见一个老朋友一样。

"格林一家还活在人世！他们还把你养大了！"他说，"要是戈达那个奸臣知道了，他会气得跳三丈高，但又会吓得要死的。他发疯的时候，又会乱砍乱杀——首先是砍杀我们这些奴隶。你不知道，自从格林一家逃走以后，他就怀疑你没有死。他拷问了所有的农奴——也包括我们这些农奴兼打渔的人。死在他刀下的奴隶不知有多少了。一般老百姓也没有好日子过。因为他担心王子没有死，怕他有一天忽然出现，要继承他父亲的合法王位，他的权就掌不稳了。所以他趁还有权的时候就拼命搜刮，现在全国除了他那一伙人，大家都很穷了，都吃不饱。日子过不下去了！……"

"真没有想到，我们给老百姓带来了这么大的灾难！"海乌洛说，他的心里感到非常痛苦，而复仇的火焰却在他心里燃烧得更旺了，"我，对不起他们。"

"这话就不用说了。大家都认为格林伯伯做得对，谁也不埋怨他。为什么要害死一个无辜的孩子呢？"贝尔纳说，"国家有戈达那样的大奸臣，就是没有格林伯伯逃走的事，老百姓也要遭殃吃苦头的。格林伯伯逃走的时候，我还不过是一个只知道傻干活和听话的农奴，什么也不懂，现在我懂得了……"

"你懂得了，那么该怎么办？"

"我先要问你一句，"贝尔纳说，"你从那么远的地方偷偷地逃回来，你打算怎么办？你找我，我可没有办法留你住——我自己也没有一个固定的地方住呀。"

"我并不是要你留我住，也不是要你帮助我找生活——我在海那边也可以活下去。"海乌洛说，接着他提高声音，"我回来是为了报仇，要除掉戈达这个大坏蛋。格林爸爸已经把我养大成人了，我得报仇！"

贝尔纳再次打量了海乌洛一番。这个年轻人不仅声音表情都是坚决的，而且长得魁伟、聪敏，一定是个勇敢机智的青年人。

"好！"贝尔纳也坚决地说，"我带你去见另一个人，看他能不能帮助你。咱们得赶紧商量个办法，在路上还可以谈，现在就走吧。"

他们悄悄地走出那个小茅屋，沿着无人的海岸走了一段，便转向南边，朝京城的方向进发。到天黑的时候，他们来到一个树林附近，那里有一座石砌的房子。贝尔纳领他走进去。一个身材高大的男子正在和几个男人商量什么事情。贝尔纳介绍说，他叫杜布克，就是他说的那个人。杜布克叫那几个男人等一会儿，就把他俩引进另一个小房间里去。

"准备好了吗？"他问贝尔纳，又指着海鸟洛，问道，"这个客人是谁？"

"一切全准备好了，"贝尔纳说，"因为这个尊贵的客人突然到来，我不得不抽身领他来见你——他的到来太重要了！"

"尊贵的客人？"杜布克不由得仔细打量着海鸟洛：这个年轻人看上去像一个大力士，也像一个划桨的奴隶。他"尊贵"在哪里呢？"重要"在哪里呢？海鸟洛也望着他：这个杜布克粗手大脚，很像一个典型的北欧农民，但他的举止行动相当精细，又像那种爱动脑筋的人。他们感到诧异地互相打量着。这时候，贝尔纳开始把海鸟洛介绍给杜布克。他像在一个秘密会议中宣布一个重要消息似的，用很低又很严肃的声音把老渔夫格林和海鸟洛的情况一一说了出来。杜布克全神贯注地听完以后，立即伸出双臂，热烈地拥抱海鸟洛，又紧紧地握着海鸟洛的胳膊，兴奋地说："欢迎你呀，海鸟洛！你不像王子，你就像我们一样！看，你的胳膊跟铁一样结实！这是老格林传给你的。好，我们正希望有你这样一个人到来，你果然就来了。你来得正是时候！你的出现可以向老百姓证明，戈达那个奸臣是不折不扣的篡位阴谋家，他无权来统治老百姓。你才是王子。"

"快不要叫我王子了。"海乌洛说，"我是一个粗人，我并不是回来要王位，我是回来报仇的！"

"我们都要报仇！"杜布克说，"戈达那个魔王害死我们多少老百姓。我们马上就要动手——我们等了好多年，已经不耐烦了。只要你有决心，你可以跟我们一起干——不瞒你说，我们今天晚上就要动手！我们需要你，你可以证明，戈达那个魔王在我们头上作威作福①完全是非法的——这可以把全国所有的人都鼓动起来反对他。"

海乌洛举起他那粗壮的胳膊，在空中晃了几下。

"好！我可以打头阵，看谁能拦住我这双胳膊！"海乌洛说。

事情就这样谈定了。贝尔纳留下海乌洛，就匆匆地离去了——还有很要紧的工作在另一个地方等着他去做。

就在离杜布克这个地方约莫三十多里路的东北面，有一个小山头，山脚下耸立着一座巍峨的城堡。里面住着戈达的亲信万斯托夫。他是国内数一数二的大农奴主②，也是朝廷的大将军。他掌握兵权，和戈达狼狈为奸，残酷镇压老百姓。对这两个大奸臣，老百姓都恨之入骨。这个城堡又是他的司令部。他平时就在这里指挥他的军队，也在

———————————
① 作威作福：原指统治者独揽威权，擅行赏罚。后来形容当权者妄自尊大，滥用权势，横行霸道。
② 农奴主：占有农奴和生产资料的人。

这里管理他广大的庄园。杜布克就想在这天夜里拔掉他的这个老巢。

这是一个漆黑的夜，伸手不见巴掌，谁也不会走出门来。杜布克带领的队伍正在悄悄准备出动。这都是些他多年来在暗中组织起来的农奴和受苦人。他们从四面八方向杜布克这个树林汇集拢来。他们都熟悉地形，尽管夜是那么漆黑，却没有一个人走错路。不到半夜，这里便集中了上万的人。他们个个满腔愤怒，决心要与万斯托夫决一死战，清除戈达手下的这个大爪牙。

人们到齐以后，杜布克便扛着一根长矛，带领队伍出发。海乌洛提着一把大刀和他并排前进。杜布克把他安排在自己身旁，与其说是满足他"打头阵"的要求，还不如说是为了便于保护他，而且他的参加还会起鼓舞士气的作用。其他一些农民领袖也都带着分配给他们的队伍，依照预定好的方向前行。在不到凌晨五点的时候，他们就到达了万斯托夫所在的那个城堡。

他们按照预定计划把这个城堡层层包围住，没有发出一点声音。城堡里的人正在睡觉。由于夜是那么黑，甚至门楼上的哨兵也没有发觉他们已被包围。平日他们也觉得他们这个据点坚如磐石，打打盹儿决不会出什么意外的，他们相信在戈达和万斯托夫这两个魔王的统治下，这个国家谁也不敢起来造反。他们更不会想到，不但有人起来造反了，而且还有那个戈达杀害的王子参加！当他们发现有异常情况时，下面的城门已经被撞裂开了。原来，海乌洛为了不要打草惊蛇，用迅雷不及掩耳的手段突破城门，他自告奋勇，单枪匹马撞开城堡大门。当杜布克对他的力量正在犹豫的时候，他已经放下大刀，用他那双"铁胳膊"超乎常人的气力，搬起门口一块大石碑，对准门中间的骑缝，轰隆一声撞过去。他连着撞了三下，两扇门就凹进去了，接着就稀里哗啦地垮了下来。

立刻，造反的农奴和老百姓，就像决了口的洪水，一股劲儿向城堡里冲去。城堡里的守卫还来不及拿起武器就被缴了械。万斯托夫住的那个主厅，火焰从窗口向屋顶上燎燃起来了。不一会儿这个主厅就成了一片火海，噼噼啪啪地在大火中倒下来了。因为还有第二个重要的紧急任务要立即去完成，大家也就不再花费时间去搜索万斯托夫。他们估计万斯托夫在火海中也已经完蛋了。他们立即整理队形，向京城进发，只留下一支五百人左右的队伍，来清理这里的残局。

海乌洛仍然和杜布克并肩走在这队伍的前面。他们到达京城时天已经亮了。这时，京城四周已经被贝尔纳所带领的另一支庞大的由农民、渔人和奴隶所组成的起义队伍团团围住。戈达也已经从睡梦中被守城的传令兵叫醒。他这一惊，非同小可，几乎是滚下床来，匆忙地穿上衣服，爬到望楼上一看：好家伙！城墙外左一层、右一层，黑压压的一大片全是用各种乡下武器武装起来的人群。增援的群众——也就是杜布克和海乌洛带领的那支庞大的队伍——还在源源不断地前来。但戈达还不太感到绝望，因为他估计他的亲信万斯托夫一定会很快就带领大军来为他解围。他连忙走下望楼，决心亲自指挥城里的守卫部队，进行抵抗，以拖延时间，等待万斯托夫的援兵。

城垣^①上很快就出现了手执弓箭的大兵。他们隐在雉堞^②后面，准备向下面的群众射出毒箭。当他们一开始窥测目标的时候，他们就发现，不仅城墙下面人数非常多，就是远在他们射程之外，也有数不清的人群，而且这些人群还在不断地扩大——因为各地群众都闻风而起，源源不绝地前来响应。这么庞大的群众队伍，就不是几百发箭所能驱散的了。

这时，忽听得城下爆发出一片轰雷般的呼声：

"王子已经回国，现在就在这里和老百姓一起来惩罚奸臣！你们赶紧投降吧！"

在城垣上指挥作战的戈达也听到了这一片呼声。"王子已经回国"这几个字，就像利刃一样扎进了他的心窝。他顿时面色发白，手上的指挥刀也开始发颤。真是做贼心虚！他周围的士兵看见他这副惊慌失措的表情，士气也就瓦解了，一个个不由得都在想：他是一个篡权的奸臣，现在有这么多的老百姓起来造他的反，他再也伪装不下去了。

---

① 城垣：古代围绕城市而建的城墙。
② 雉堞：古代在城墙上面修筑的矮而短的墙，守城的人可借以掩护自己。

守城？守谁的城？士兵们都在对自己提出这个问题。弦上的箭发不出去了。就在他们犹豫的当儿，四个城门都被老百姓撞开了。戈达也立即成了俘虏——是他自己的卫士把他绑起来的。他的下场谁都可以想象得到，这里就不用再说了。

起义的群众进了城以后，忽然发现了一个新的问题，那就是，压迫他们的奸臣被除掉了，谁来领导这个国家？很自然的逻辑，就是拥护这个新回国的王子登基，继承他父亲的合法王位——这是从古以来历史上的惯例。于是，好多人都举手欢呼这个建议。

但是，海乌洛却对这个建议表示反对。他没有想过要得到这个王位。他只是想起了他在英国的妻子果苞珞，想起了格林妈妈和跟他一起长大的那三个格林兄弟。他伸了伸他那两只几次举着石头撞门的粗壮胳膊，觉得自己只不过是一个粗人。他不知道王位意味着什么。他感谢大家的拥戴，但谢绝了大家的建议。他只是提出了一个要求：他想带领一支大军，回到英国去，为果苞珞和那里的人民报仇；如果大家觉得这个国家需要有人管理，他认为杜布克可以承担这项责任，因为，他从他的亲身经历发觉杜布克是一个非常能干的人——比他要能干好几倍。贝尔纳也很有才干。他希望贝尔纳也能带领一支大军，和他一同去英国。

他这个要求，经过杜布克、贝尔纳和大家商量，很快就被同意了。贝尔纳很愿意陪他去一次英国，因为他也很想念他的朋友格林一家，并且很想见见海乌洛的妻子。

在整个丹麦恢复正常以后的第三天，杜布克就挑选了一支精锐的队伍交由贝尔纳和海乌洛带领，他们乘坐三十几艘艨艟帆船①，从海乌洛原先登陆的西海岸起碇，浩浩荡荡地向英国开去。他们在格林一家当初上岸的地方——格林埠登陆。然后，毫不掩饰他们这次军事行动的目的，向老百姓宣布：他们来，是要推翻高得里奇的残暴统治，替果苞珞和那些受他残害的英国老百姓报仇。

高得里奇万万没有料到会发生这样一件事。他一听到这个消息，就匆匆忙忙地纠集了一支军队，亲自指挥，从林肯市出发，赶赴沿海阵地进行抵抗。但是由于他篡夺了王权以后，一直横征暴敛，弄得民不聊生，又囚禁了年幼的公主，伪称他是王位的继承人，谁也不拥护他，巴不得他早日垮台。而从海外来的这支远征军队，又全都锐气十足，两军一交锋，高得里奇的队伍立刻纷纷溃退，一败涂地。高得里奇只落得独个儿抱头鼠窜。海乌洛哪能饶了他，始终牢牢盯紧，穷追不放。这个老奸臣很快就被追上了。他还来不及喊声"救命"，海乌洛的拳头就已经落到他的后脑勺上面了。这个王子怀着满腔仇恨打出的这一拳，其重量自然不需描述，完全足够结果高得里奇的性命。

---

① 艨艟帆船：具有良好防护的进攻性快艇。

　　两个残暴的奸臣就这样迅速地先后呜呼哀哉了。至于王子海乌洛和公主果苞珞，他们从亲身的生活体验中已经充分感到，多么高的王位，也比不上普通人民在困苦中所结成的友谊和感情珍贵。海乌洛请贝尔纳带着胜利的远征军返回丹麦，协同杜布克，把国家治理好。他和他的妻子果苞珞则要和格林妈妈一家平安地度过他们今后的日子。

新同学

　　还没有摇下课铃，夏克斯就已经烦躁起来了。他捏了一个小拳头，在抽屉底下轻轻地敲了两下。为什么他要干这样无意义的事情呢？唯一的解释是手痒，他控制不住。声音像是从远处山谷飘来的一个稀薄的鼓声，立刻搅乱了教室里所有学生的注意力。拉都先生把本子一合，停止了讲课。他的一双鼓得要跳出来的眼睛很自然地掉向这个刚满十三岁的学生。

　　"离下课还有五分钟，你就已经捶起桌子来了，"他对夏克斯说，"你真不愧是一个铁锤！"

　　"铁锤"是同学们给夏克斯起的绰号。这个绰号比他的真名字还响亮，连老师都知道。不过老师只要提到这个绰号，气就消了。夏克斯也就将计就计，立刻装得正经起来。他直起腰，望着黑板，似乎是在认真听讲的样子，甚至当拉都先生说的那五分钟已经过去了，他还待在座位上不动。但是当老师刚一走出教室，他就像一只小兔子似的从另一个门溜走了。

　　他急急忙忙地跑到学校后边的一个树林里，在一条潺潺的小溪旁站住。他沿着溪流向外边瞭望，一直望到溪流拐弯那儿的一个村庄为止。他没有看见他所要寻找的那一个同学。

"难道他已经知道我今天要来找他吗？"他自言自语地说，"尼米诺，你要是想故意避开我，那么你等着瞧吧。"于是他捡起一个石块，狠狠地向溪流打去，以发泄他心中的气愤。石块落下的地方，溅起一大摊水。就在这个时候，一个长满一头棕色鬈发的孩子从堤岸下边走出来了。

"喂，当心不要打着人的脑袋！"这个孩子说。

"原来你藏在这里！"夏克斯用一个惊喜的声音说，但他马上意识到自己不应该显得太高兴了，因此他板起面孔，以命令似的口吻补充了一句，"你是故意避开我吗？"

"我根本就不认识你，为什么要避开你？"

"但是我认识你，你叫尼米诺，从辟勒尼斯山那边迁来的，对不对？（尼米诺点点头。）米莉早就告诉我了，你们在一班，对不对？（尼米诺又点点头。）我在第三班，是这里最大的一个学生。我叫夏克斯，绰号叫'铁锤'，你听见过没有？"

尼米诺轻轻地把头摇了两下。

这个姿势是夏克斯没有预料到的。这个新同学居然连自己的大名都不知道！他本能地捏了一个拳头，在空中虚晃了两下。尼米诺的视线紧紧地跟着这个拳头绕了两个圈子。

夏克斯看到尼米诺这样重视自己的拳头，感到很满意。他做出一个微笑，轻声地说："不要怕，我的拳头从不打同学的。我只不过喜欢在下课之前敲敲桌子罢了。改不过来……"他停顿了一下，于是用一个更低的声音继续说，"这里的同学我没有哪个不认识的，只是还没有和你打过交道。所以今天我才特意来找你。请告诉我，课间休息的时候，你为什么老避开我们，不到操场上来玩玩？"

"妈妈叫我少跟大伙玩。"

"为什么？我们又不是老虎！"

"当然不是，妈妈怕我跟大伙一道会惹出祸来。"

"惹出祸来又怎样？难道有人会吃掉你不成？"

"当然不会，但拉都先生会停我的课。"

"天下哪有这样的事？不要怕，我们能读书，你也能读书！明天是星期天，上午我们要在拉伐尔老头的葡萄园里开个联欢会，欢迎你来参加。每个新来的同学，我们总是要欢迎一次的。"

夏克斯的这一段话是用一种带有权威性的口吻说的，因为他在同学中不仅年纪大，力气也最大，同时也是一个头脑最灵活的学生，所以他就无形地成了孩子们的一个首领，许多事都是由他带头来做的。

尼米诺望着他眨了眨眼睛，犹疑了一阵。最后他点点头，表示接受了夏克斯的邀请。夏克斯也把手伸向他，表示愿意做他的朋友。尼米诺紧拉着他的手摇了两下。于是他没有说什么话就走开，因为上课铃已经响了。夏克斯静静地望着他的背影：这是一个矮小精悍的同学，他的身材轻巧，步子稳重，是一个典型的巴斯克山民。夏克斯不由得喜爱起他来。

尼米诺是一九三九年初西班牙内战快要结束的时候，和他妈妈一道逃到辟勒尼斯山这边来的。那时弗朗哥的法西斯军队已经基本上占领了巴斯克。尼米诺的父亲——一个革命诗人——是政府军的一个上尉，就在那时在和法西斯军队最后的一次遭遇战中牺牲了。所以对于山这边的居民说来，尼米诺和他的妈妈不仅是外国人，而且还是政治难民。法国人民有一个优良的传统，就是他们从来不歧视善良的外国人，特别是一个为民主而斗争的外国人的家属。尼米诺和他的母亲一到来就得到当地居民的照顾。村头那间看守果园用的小石屋，就是这样腾出来让给他们住的。村人还经常雇用尼米诺的妈妈来帮忙摘葡萄、做奶酪或缝衣服。这样，母子的生活也就基本上有了保障了。

这里只有一个人不欢迎他们，那就是当地的大葡萄园主拉伐尔老头。他是一个顽固的保皇党的后裔、守财奴和当地居民所谓的阴谋家。他曾经利用葡萄歉收的荒年，通过高利贷的方式，把这个山谷里大部分能种植葡萄的平地都陆续收入自己的手中。但他成了当地的土财主还不过瘾，他还想做当地的土皇帝。因此他非常害怕山那边西班牙人民的革命。尼米诺和他的母亲，作为一个革命军官的家属，在此地定居下来，这当然更会引起他的嫉恨。如果没有当地老百姓的支持，他早就要把他们母子俩赶走了。他使尽一切力量在他们的生活中制造困难。譬如最近尼米诺到了入学年龄，他就利用他是当地小学校董的职权，私自告诉校长拉都先生不要让这个孩子入校。村人对这件事群起抗议，说这样做丢尽了法国人的脸。拉都先生在群众舆论压力之下，也只好把尼米诺收进来。但是他暗中对尼米诺的妈妈提出了一个条件，那就是尼米诺最好不要跟同学来往，免得"惹祸"。事实上这也是拉伐尔老头出的主意。他疑神疑鬼，认为这个孩子既然是一个革命者的儿子，脑袋里一定装满了"危险思想"。他就是害怕这个巴斯克孩子会在当地各村居民的下一代中传播这种"危险思想"。尼米诺的妈妈为了使孩子能够读书，也为了使拉都先生不致丢掉饭碗，就同意了这位校长所提出的条件。

对于尼米诺说来，夏克斯请他去参加"联欢会"，倒是一件蛮富有诱惑性的事情。他的生活的确很寂寞，他很想和同学们在一起玩玩。他虽然不认识夏克斯（因为他住在另一个村），但是看样子，这位绰号叫"铁锤"的同学倒很像是一个耿直的人。应不应该去参加他的"联欢会"呢？这时他想起了一件事情：妈妈大概是不会同意的。

但是在他的孤寂生活中，这个"联欢会"的诱惑力委实太大了。在星期六的晚上，他就已经做起梦来，梦见他参加了。大家都热烈地欢迎他，送水果给他吃，讲故事给他听，同班的那位女同学米莉甚至还拉着他的手跳了一场西班牙舞。米莉是一个黑眼珠小个子的女孩子，样儿很像西班牙安达卢西亚州的吉卜赛人。她坐在离他前面十排一个靠窗子的座位上。他一抬头就会看到她的背影和披在她的背上那一长条像流水似的黑发。他在思想上已经把她当作一个熟人一个"同乡"了，虽然他从来没有和她说过话。的确，有一次下课时，她在教室门口碰见他，还对他微笑了一下，而且她笑时还露出一排非常整齐的白牙齿。因此，他这次在梦中拉着她跳舞，并不能说是偶然的事件。

梦醒以后，尼米诺当然很失望。说来也奇怪，这种失望的心情使他更想去参加那个"联欢会"，说不定米莉真的就在那里呢。所以第二天他吃完早饭后，就急急忙忙帮助妈妈把盘子和茶杯洗完，然后悄悄地溜回自己房间里去。这时妈妈就坐到缝纫机旁，踏起机器来——在葡萄收获季节完毕以后，她主要是靠缝纫来维持生活的。机器声一响，尼米诺就赶忙换上他那套唯一的漂亮衣服：一件蓝色天鹅绒紧身上衣和一条黑色灯芯呢裤子——这都是妈妈用爸爸的旧衣服改做的。于是他就踮着脚从妈妈的背后溜出了大门。

一到野外，他的心花就开放了。他从来没有感到过这样自由，这样快乐，这样幸福。

但他还没有走到夏克斯所约定的地点，他的心儿就忽然突突地狂跳起来了。他想起了在家里踏缝纫机的妈妈，顿时觉得他做了一桩对不起妈妈的坏事。怎么办才好呢？他感到很矛盾。他心里想转身回去，但是他的脚却不由自主地在继续向前走。他抬头望望天，希望天能够给他一个忠告。天是乳白色的，夹杂着几片蔚蓝的云彩。两只燕子在它下面不慌不忙地飞来飞去，飞的时候还唱出了一支歌。它们似乎在说，这样好的时光，你为什么要回到那个阴暗的石屋子里去呢？事实上，他的步子已经走近了拉伐尔老头的葡萄园。他停下了。

他隐约听到同学们的噪声。他实在舍不得离开他们。他灵机一动，决定选一个隐蔽的地方藏下来。他想，这样做他既对得起妈妈——因为妈妈一直忠告他少和同学们玩，免得"惹祸"，同时也可以偷偷地欣赏一下同学们的"联欢"。他所选的地方是在离葡萄园约莫两百米远的一个山坡上。坡上的荆棘丛很多，他就坐在三个荆棘丛所形成的一块空地上。从这个位置，他可以看到外面，但是外面的人却看不见他。

"联欢"的地点是拉伐尔老头葡萄园中央的一块空地。这块空地长满了绿草，上面摆了好几个石桌子和石凳子。它名义上是专门作为那些摘葡萄的妇女休息之用，但事实上它是收获季节时作为临时葡萄堆积站而设的。为了灌溉的便利，拉伐尔老头把这个山谷里他所占有的葡萄田都连成一片，连走路的地方都不留下。所以他有必要腾出这块空地，作为联系的交接点。但当地的孩子们却把它当作一个游戏场——附近一带的确也没有比这再好的平地。虽然拉伐尔老头禁止他们到这儿来玩，但他们在思想上却不认为他有这种权力，因为这整片广大的葡萄园都是从这些孩子们的父兄手中吞并去的。

尼米诺在他选好的那个位置上，朝葡萄园中央的空地眺望。孩子们已经来得不少，有的在围着石桌吃东西，有的在拉开嗓子唱歌，只是作为这次"联欢"的主持人的夏克斯却没有到来。他到哪儿去了呢？有一个女孩子呆呆地站在一旁，向远处瞭望。看样子她大概是在寻找他。看她那副盼望的、焦急的神情，尼米诺不禁感到难过起来。这时他的心跳了一下，原来她就是昨天晚间他所梦见的米莉。她是不是在等待自己呢？她可能知道自己会去的。是的，她一定会知道。她一定是在等自己！不，她是在等夏克斯。你看，她忽然高兴得跳起来了，因为夏克斯远远地从葡萄垄中走过来了。他的那个大脑袋和他那双宽阔的肩膀高高地显露在葡萄叶上面，她简直高兴得要拍起掌来。不知怎的，尼米诺这时倒希望她能变得嘀咕一点，不要表现得那么快乐。为什么他忽然有这样一种心情呢？他也说不出一个理由来。不过米莉的高兴倒也马上就消失了，因为夏克斯的脸色沉了下来。他们一起在指手画脚地谈论什么事情。可能他们就是在谈论他。夏克斯到来得这样晚，可能就是他到葡萄园外边去找过他而耽误了时间。但是他，尼米诺，作为客人，为什么不到场呢？他感到非常惭愧。他很想立刻就跑下山坡来向他道歉。但是他还没有站起来，就又想起了妈妈。他虽然不知道拉伐尔老头的阴影像一层魔障似的紧紧地罩在他们的头上，但他知道妈妈是在艰难的生活中挣扎。他必须听她的话，因此他又坐下来了。

　　夏克斯看见尼米诺失了约，当然感到气愤。但是别的孩子既然都已经来了，"联欢会"还得开下去，不过头一个节目，即介绍尼米诺的那个节目，得删去罢了。所谓"联欢"，说起来也够寒酸：这里既无糖果，也无音乐，当然更谈不上茶水。它的主要内容，除了第一个节目，剩下的只是一场集体游戏。在这个游戏里面，每个人都有机会出场——至少一次，这也就算"联欢"了。游戏的内容是根据古代希腊传说中一个英雄故事编成的，由夏克斯导演。英雄奥德赛参加特洛伊的战役，出征了二十年，没有音信。在他的家乡流行着许多关于他的谣言和传说，大多数的人都相信他已经死了。因此，有不少年轻人都来向他美丽的妻子佩涅罗佩求婚。其中有一个非常固执的年轻人，甚至在奥德赛回了家以后，还来向佩涅罗佩表示他的爱慕，坚持要得到她的好感。在这个游戏中，夏克斯扮演奥德赛，米莉扮演佩涅罗佩，其他的孩子则扮演邻人和求婚者。至于那个固执的年轻人，这个角色本来是分给尼米诺的，因为他在学校里老不爱讲话，也不和同学来往，夏克斯想借此来打破他的羞怯感（他以为尼米诺的拘谨是因为害羞）。但是他却没有到来。现在是由一个绰号叫"小毛驴"的学生临时来代替他的。

　　这个"小毛驴"可真算得是一个固执的人，当奥德赛拿着戟和盾牌雄赳赳地从海外归来（从葡萄丛中曲折地走出来），站在自己家园的门口（站在一个石桌前面）的时候，美丽而忠诚的佩涅罗佩正坐在凉床上（坐在一个石凳上）长吁短叹，因为她又听到了许多关于丈夫遭遇不幸的谣言。后来奥德赛走进屋里来，彼此经过一番试探，终于证明了佩涅罗佩在他远征期间一直是非常忠诚的。这时他们之间的快乐真是无法用语言来形容。就在这当儿，"小毛驴"出场了。他坚持表示他爱佩涅罗佩，并且说奥德赛无权再当她的丈夫，因为他是一个负心的人，"一去二十年，连信也不带回一封"。他要求扮演佩涅罗佩的米莉接受他的爱情，也就是说，让他吻一下她的手，并且和她跳一次舞（因为他从来没有机会和米莉跳过舞）。奥德赛当然不让。两方面争持不下，本来是"联欢"，但因为"小毛驴"窜改了原来的故事情节，结果欢乐变成了嫉妒，奥德赛和这个固执的年轻人打起来了。作为奥德赛的卫士和随员的那一批孩子自然要来帮助他们的主人；作为这个固执的年轻人的邻人和朋友当然要来帮助这个痴情的求婚者。于是两方面揪作一团，就在草地上滚起来了。他们一滚出了草地就自然会碰到葡萄了。有好几棵翠绿的葡萄树就这样被他们压倒了。

　　米莉是两方面争夺的对象。两方面你推我拉把一个娇小的姑娘弄得蓬头垢面。有一个粗鲁的小家伙，一下子不小心还踩着了她的脚，弄得她尖叫了一声。藏在荆棘丛后面的尼米诺听到这声尖叫，看到此情此景，心中感到难过极了。他觉得这时他再不站出来保护米莉，他简直就是一个懦夫。因此他不管三七二十一，就从山坡上冲下来，大喊一声："我来了！"不过他刚刚一到葡萄园中那块空地，马上就响起了另一个声音："我也来了！"后面这个声音引起了大家的震动，因为它是一个非常不友善的声音。抬头一看，果然不错，他们发现拉伐尔老头就站在面前。这个老头儿和尼米诺一样，一直就藏在附近的一棵大橡树后面；不过他不是欣赏"联欢会"，而是监视这群孩子。他已经摸到了他们的规律：每逢礼拜天，只要有机会，他们就必然会到他的葡萄园里这块空地上来玩耍。今天他一吃完早饭就到这里来了。

孩子们一看到拉伐尔老头出现，就不约而同地钻到葡萄垄里去，向各个不同的方向逃走了。但夏克斯没有逃，他认为好汉做事好汉当，没有害怕的必要。至于"小毛驴"呢，他也不愿意逃，他要保护米莉，因为脚痛的米莉已经被拉伐尔老头抓住了——老头儿的另一只手同时也抓住了刚才到来的尼米诺，而且抓得特别紧，因为他最恨这个巴斯克的孩子。他是一个顽固的天主教徒。他认为孩子在礼拜天应该到教堂去做礼拜，现在他们不但不去做礼拜，反而到这里来捣坏他的葡萄树，简直是大逆不道。他认为，这一定是受了尼米诺所带来的"危险思想"的影响。因此在这一天他也只好打破了他一生所坚持的原则，没有到教堂去做礼拜，而偷偷地跟在他们后面到这里来了。他这次下决心要整他们一下。

夏克斯一瞧见尼米诺，不禁怒火中烧，说："你这个捣蛋鬼！我们请你来你不来，你却愿意现在来当一个俘虏！真不识抬举！"米莉这时也对尼米诺起了反感，觉得他太傻了，一来就被人抓住。至于"小毛驴"呢，他的反感更大。他想，你这个胆小鬼，居然也想扮作一个情人，来向米莉求爱！在这种情形下，尼米诺只好低下头，感到无限的孤独。

"跟我一道走！"拉伐尔老头厉声地对这个外国学生说，"这回我可抓住你们了！看你们还有什么话讲！"

"为什么要跟你走？"夏克斯也粗声质问。

"因为你们糟蹋了我的葡萄，"老头儿理直气壮地说，"这是我的财产。"

"你的财产？"夏克斯捏了一个拳头，在老头儿的鼻子面前晃了几下，"这块地方原来就是我家的葡萄田，后来被你用诡计骗去了，我的爸爸没有办法生活，跑到海外去当水手，至今还没有回来。你的财产，你再说试试看？"

这句话也触到了"小毛驴"的痛处。他家里的几块葡萄地也是老头儿用诡计骗去的，现在合在这个大葡萄园里。所以他也捏了一个拳头，在老头儿的鼻子前面晃了几下。

"你这个老贪财鬼！"他气冲冲地说，"难道你还想当土皇帝不成？你有什么权力命令我们跟你走？"

"因为你们糟蹋了我的葡萄，"老头儿说，但是他的声音比刚才要微弱得多了，"我们得到儿童法庭里去讲讲道理！"

这时米莉也火起来了。她家的几块葡萄地也被老头儿吞掉了，现在并在这个大葡萄园里。她狠狠地在老头儿抓住的那一只手上捶了一下，说："你的葡萄，你在这块葡萄园里劳动过吗？这儿的葡萄地是我们的爸爸和妈妈开垦出来的，每一寸土都有他们的血汗。"

听了这段话，老头儿简直气得要暴跳起来。他的脸一会儿发青，一会儿发白，他恨不得能有四只手，把这四个顽童全部拖到儿童法庭里去。就在这时候，夏克斯对着他那鼓出的胖肚皮使劲地捅了一拳。老头儿摇晃了几下，但是没有倒。尼米诺和米莉趁势一摆，挣脱了他的手。他们就近向葡萄垄里一钻，飞也似的跑掉了。老头儿站在空地上，眼睛气得发直，胡子翘得有寸把高。他咬紧牙齿，连声狠狠地说：

"你们跑吧！你们跑吧！你们要能跑得脱我的手掌心，算你们有本事！我非整你们一下不可。是的，我非教训你们一下不可！"

他觉得不仅他的财产受了损失，他的人格也受了侮辱。他决定到儿童法庭去控告他们，借此"杀一儆百"。

　　拉伐尔老头果真很快就向儿童法庭提出控诉。但被告不是夏克斯，而是尼米诺。他这样做有他特殊的打算：夏克斯是本地人，如果控告他就会牵连到许多其他的孩子，而这些孩子的母亲都是拉伐尔老头收获葡萄和酿酒时不可缺少的廉价劳动力。老头儿不愿引起她们的反感，以免造成不利于他的形势。此外，放过这些孩子也是收买他们的一种手段，可以使他们站起来做不利于尼米诺的证人——事实上，他抓住尼米诺的时候，已经亲眼看见夏克斯对于这个外国孩子有反感。他相信他们一定愿意把责任推到尼米诺身上而使自己脱身。一句话，他的目的是要孤立尼米诺，以便于他最后能把这个孩子和他的母亲从这个地区赶走，这既可以杜绝"危险思想"的根源，也可以借此警告其他孩子今后少在他的葡萄园地里捣乱——使大家都认识到"拉伐尔老头不是一个好惹的人物！"为了形成不利于尼米诺的舆论，他还怂恿拉都先生事先停尼米诺的课，以"整顿校纪"，并且还大张旗鼓地把停课的布告贴在学校的布告栏里。这一套准备工作他在三天之内就全办完了。现在只等待儿童法庭正式开庭。

　　儿童法庭开庭的时候，尼米诺单独一人坐在被告席上，很突出，也很凄凉。其他的孩子——包括夏克斯、米莉和"小毛驴"——也都被传来了，不过是作为证人。尼米诺的妈妈和拉都老师当然也都在场——他们都算作旁听者。审判照惯例是不公开的，但是自从尼米诺因"捣毁拉伐尔老头的葡萄而被停课"的布告贴出去以后，许多人都对这件事情注意起来。因此与这件事毫无关系的孩子和他们的父母也都作为旁听者自动地拥进来了，挤得满满一屋。拉伐尔老头向四周望了一望，非常满意。他就是希望旁听的人来得多，因为他想通过这件事来"教育大家"和显示他的威风。法官是站在他这一边的。因为这位法官和当地的牧师和小学的校长一样，都是在他的影响下工作的。

法官在讯问的过程中着重地提出：被告不仅带头捣毁了拉伐尔大爷的财产——葡萄，还用拳头打了拉伐尔大爷的肚皮。他要求陪审的人注意这一问题。于是他直起腰杆，眼睛向上一翻，向尼米诺做出了一个类似结论性的发问："你损害了人家的财产，又伤害了人身，你现在还有什么话讲？"

尼米诺没有回答，只是把头抬起来，向大家望了一眼。这时室内出现了一种极大的沉寂，连针落在地上都可以听得出来。

法官以为尼米诺害怕，于是又趁势追问了一句：

"你承认犯罪吗？"

尼米诺仍然没有作声。这次他把头掉向妈妈。妈妈也在望着他。这个一贯委曲求全、不声不响的巴斯克女人这次不知怎的忽然变得激动起来了。她的眼睛在射出愤怒的火花。尼米诺理解自己的妈妈。他知道妈妈现在不是为了自己不听话而在责备他，而是因为她心中有了不平才这样激动起来。他知道妈妈也非常理解自己：自己在蒙受冤枉。而法官现在恰恰要求自己撒谎，吞下这口冤枉，同时公开承认谎言是真理。他这时也记起了父亲的形象：他为了真理，为了正义，多么英勇地在战斗中献出自己的生命。

法庭仍然是沉寂的。法官在等待他的回答。

"我没有犯罪！"尼米诺用一个镇定的声音说。

"没有犯罪？"法官的声音像破竹似的变得嘶哑起来，他的眼球突出，似乎要飞出来的样子。

拉伐尔老头的那两撇大仁丹胡子则翘得发抖。他向四周扫了一眼。他发现夏克斯的手捏了一个拳头，并且跃跃欲试，似乎想要打人的样子。他要打谁呢？拉伐尔老头心里想，他是捣蛋的祸首，但是这次我却没有控告他。他应该感到幸运了。他绝不是想打法官吧？是的，他大概是想做个姿态，打两下那个被控告的外国孩子，借此证明尼米诺的狡猾，自己的无罪！拉伐尔老头在心中做出了这个结论以后，就向法官眨了两下眼睛，朝着夏克斯的方向做一个歪嘴。

法官会意，就把头掉向证人席。

"请夏克斯作证！"他说。

夏克斯从证人席位上站起来。他的拳头仍然没有松，但不是指向尼米诺，而是对着拉伐尔老头。他的眼睛则瞪着法官。他用一个非常明确的声音说：

"拉伐尔老头的控告是撒谎！尼米诺根本没有捣毁他

的葡萄，也没有捅他的肚皮。你们看，尼米诺是像打人的样子吗？是我在拉伐尔老头的肚皮上捅了一拳。你们看，我现在还捏着拳头，我还想捅他，因为他现在居然又敢在法庭上撒谎！我讨厌这个老狐狸精！我们村里的人哪个不讨厌他呢？他这次诬害尼米诺，单这件事就引起我们的憎恨。你们说对不对？"

夏克斯说完话后就把脸掉向村人。

室内起了一阵骚动。"对，完全对，捅得好！"这是村人同时发出的一个雷吼般的声音。在这种声音的震动下，那个在"联欢会"中扮演固执的求婚者的"小毛驴"也站起来了，他说：

"尼米诺是我们在散场的时候才到来的！倒霉得很，他一来就被拉伐尔老头抓住了。他才是一个真正的好人哩——不好也绝不会被这个狡猾的老狐狸精抓住啦！"

这句话引起了另一个曾经被拉伐尔老头抓住了的孩子的气愤。这是米莉。她也站起来，说：

"尼米诺从来不惹祸，他在学校里一直是一个守规矩的好学生！"说到这里，米莉把头掉向拉都先生，用一个响亮而又尖锐的声音问，"拉都先生，你知道得比我们更清楚，请你说吧！"

拉都先生的脸红了起来。大家的眼睛都在集中地注视着他。他感到非常惭愧，因为他想起了公布停尼米诺课的事情——这是他在拉伐尔老头的压力之下做的一件不光彩的事。他觉得他是一个可怜的懦夫，一个没有原则的人，不配当这些天真的孩子的教师。经过了一番激烈的内心斗争以后，他终于站了起来，面对着大家说：

"是的，尼米诺是一个好学生，他的功课也不坏。不过拉伐尔先生一直不赞成我收这个学生。他说尼米诺是西班牙革命者的一个儿子，跟当地的孩子混在一起，会传染危险思想。他是学校一个有势力的校董，我不能不考虑他的意见。因此我还特地跟尼米诺的妈妈商量，希望她告诉孩子少和本地的同学来往。尼米诺很听话，的确没有和别的孩子一起闹过事，甚至还没有一起玩过。他过着一种孤独的生活。对于这一点，我一直感到很难过……最近我还停了他的课——这是拉伐尔先生强迫我做的。对于这一点我感到很惭愧……"

这段话还没有说完，场内就像触了电似的，震动起来。大家都离开了位子，以夏克斯、"小毛驴"和米莉几个小学生为首，像潮水一样向拉伐尔老头拥来。"没有想到这个老狐狸精对于一个外国来的难民，居然干出这样没有良心的事情来！"好几个愤怒的声音一齐说。"这是我们整个法国的羞耻。揍死这个老狐狸精！"大家都一齐捏着拳头，一步一步向拉伐尔老头逼来。现在要想维护秩序是不可能的了，要继续"审讯"当然更谈不上。法官不停地摇着铃来维持秩序，但这只会更激起众人的怒气。

拉伐尔老头早已看出苗头不对。在众人的拳头还没有落到他的脑袋上以前，他就真的像一只老狐狸精似的，从一个侧门溜走了。这使得众人更加怒不可遏。大家像暴发了的山洪，冲出了屋子，在拉伐尔老头后面追赶。法官坐在冷板凳上，感到身上有点儿发抖，他发了一阵子呆以后，看见没有人来理他，才算松了一口气，恢复了镇定。于是他像做了一场噩梦似的，颓然地站起来，把这件无头无脑的"案子"不声不响地收起，然后像拉伐尔老头一样，他也偷偷地从侧门溜掉了。

第二天大清早，夏克斯、米莉、"小毛驴"和其他几个曾经当过奥德赛的"卫士"的小朋友，都不约而同地来到尼米诺家门口，邀他一道去上学。说来很奇怪，他们一下就成了很要好的朋友，虽然他们过去一直没有在一起玩过。当他们走到第一班教室门口的时候，夏克斯站在尼米诺面前，狠狠地把这个巴斯克孩子的肩膀摇了两下，说：

"现在我们了解你了。你是我们尊贵的客人，我们是你忠实的朋友。可再不要一个人溜到溪边去散步啦！"于是他把脸掉向米莉，继续说，"我们把他交给你，他和大家还不太熟悉，你和他在一班，你有责任照顾他。"

米莉拉着尼米诺的手，低声地对他说："我很喜欢你，尼米诺，有好几次我想找你玩，但你总是一个人走掉了。"

"我也很喜欢你，米莉！"尼米诺也低声地说，"你知道，我并不愿意避开你们，不过……"

他说这话的时候，已经和米莉跨过了教室的门槛。这时教室里响起了一阵热烈的掌声。这个从巴斯克来的小学生一看就知道大家是在欢迎他。他呆呆地站在教室门内，一时控制不住自己的感情，眼泪竟簌簌地往下掉。站在教室外面院子里的夏克斯，遥遥地望着这情景，虽然不免有点儿嫉妒，也禁不住滴下两颗热泪。他和尼米诺一样，在这种友谊的气氛中，也从内心里感到温暖和幸福。

小画家

停留在布拉格的时候，有一天下午一位做文学翻译工作的朋友，请我到他家里去吃茶。他小小的客厅里摆满了花和书籍——特别是意大利文的书籍，因为他是一位意大利文学的专家。但是最引起我的兴趣的却不是这些东西，而是墙上挂的几幅画。这些画并不是出自名家的手笔，但是非常生动可爱。

"它们是谁画的？"我问主人。

"是一位小小的画家。"

"不，"女主人补充着说，"是我们的儿子。"

我知道他们结婚还不过四五年，绝不会有这样一个会画画的儿子。但正当我要问这件事的时候，女主人就抢着说："他才能干呢！不仅画画得好，功课也做得好。"

于是她就滔滔不绝地谈起他的功课来。她从抽屉里取出一张学校送来的上学期的成绩单，然后把那些用捷克文写的课目逐条翻译给我听："这是代数——优等；这是几何——优等；这是物理——优等；这是化学——优等；这是历史——优等……"

"看样子，他倒像是一个未来的科学家呢！"我打断她的话说。

"也许，"男主人说，"但现在他还不过是中学二年级的学生。小孩子的变化大，还得等着瞧。"

主人可能是觉得用这类的话题来和客人交谈未免有些枯燥，同时也未免有点吹嘘自己儿子，因此他特地掀开茶桌旁的电唱机，打算放一点音乐作为我们吃茶时的消遣。他装上一张片子——歌剧《被出卖的未婚妻》。这是捷克十九世纪末的伟大作曲家斯梅塔纳的作品。它马上把我们引进另一个世界里去，大家都沉默起来，被那高亢的男中音迷住了。

我一面欣赏这歌剧，一面看墙上挂着的那些天真的画，心中不禁暗地里想着主人的"儿子"。他是怎样的一个年轻人呢？他是不是像妈妈那样喜欢讲话？是不是像爸爸那样有一对深思的、碧蓝的大眼睛？我希望见到他，希望他能在这里和我们一起喝茶。因此片子放完后，我就问：

"我们的小画家呢？他还没有放学回家吗？"

"早回家了，"女主人说，"他在厨房里做功课。你知道，学校留的功课没有做完，他是不出来的。来，我把他介绍给你吧。"

我跟在她后面，她把我带到厨房门口，轻轻地把厨房门推开。在一个专为吃早餐用的小桌上——因为捷克人都是在厨房里吃早饭的——放着一大堆课本和练习簿，但我们的画家却不见了。显然，他已经做完了功课了。

他到什么地方去了呢？爸爸对妈妈投下一个责备的眼光，觉得她多事，使客人感到不必要的失望。但是她一点也不在意，继续在厨房里找，找了好一会儿才发现他原来是坐在门后的一个高凳子上。我们把门向里推的时候，门就把他掩住了。他面对着洗碗池上边那个长长的小窗子，正在聚精会神地画一张速写。他完全没有注意到我们进来。甚至当我们走近他身边的时候，他也不知道。

窗外是遥远的赫拉卡尼山，山上那些巍峨的古巴洛克式的教堂和宫殿，在西下的太阳中，泛射出辉煌灿烂的金光。我们的这位小画家就正在企图捉住这个不久即逝的华丽景象。他是那么认真，那么紧张（因为太阳马上就要落下去了），甚至我们已经站在他身旁的时候，他都不理会我们。

他始终没有看我们一眼。但我却仔细瞧了一下他的面孔。那不是一个傲慢无礼①，而是认真工作的面孔。

我们只好轻轻地走出厨房，以免打断他的工作。在厨房门口，我把这位年轻活泼的女主人上上下下地打量了一番，总还是有点怀疑：她怎么会是这样大的一个孩子的母亲呢？她似乎懂得了我的意思，连忙解释着说：

"他刚满十三岁，我们没有这样大的儿子。他生下不

---

① 傲慢无礼：对人不讲礼节，态度傲慢。

久母亲就死去了。他的父亲是一个电气工人，是一个英勇的摩拉维亚人。一九四五年捷克人民起义反抗德国法西斯占领军的时候，他和敌人战斗了三天三夜。最后敌人围拢来，他没有屈服，他牺牲了。我们把这孩子收下来，作为养子。可爱的小东西，他简直像我亲生的儿子。"

"但他的性格却不像你，而像他的父亲。"男主人用一种轻松的口吻对他喜欢讲话的妻子说，"你看，他一句话也不讲。他一定要捉住那一片夕阳。"

我轻轻地把厨房门带上，好让这位小画家能捉住这片美丽的夕阳。

葡 萄

　　李明和班主任王秀珍老师虽然不同住一个村，但是同走一段路。一个春天的下午，放了学，他们两个人碰到一起，往回家的路上走。经过田野的时候，王老师猛一抬头，看见西边天际悬着一个大红太阳。它红得好像是要燃烧起来的样子。远处的山，近处的麦田，在它的红光中都泛上了一层金色，看起来像是用金线织成的一块锦缎。王老师对美术很有兴趣，有时候还喜欢写写生。这时候她不禁由衷地赞美："要能把它画下来该多好！"但是她接着叹了一口气，说："只可惜那块长着荒草的空地破坏了这幅画的完整！"于是他们就走过去了。

　　王老师没有想到她的这句话被一个叫作赵大叔的庄稼人听见了。这位赵大叔是村里一个有名的"闲不住"的老人，他正弯着腰在麦田里理那些被沉重的麦穗压倒了的麦秆。他直起腰来，向那块空地望了一眼：不错，它空空洞洞，像是这块锦缎上撕开的一个小孔。这时他才想到为什么没有人利用这块荒地。因为它的位置在一个低洼的角落里，经常积水，不能种庄稼。但是可以想办法改造它，在它上面种点别的东西！于是他在它上面填了许多黄土。不到几天工夫，它就变成一块平地了。赵大叔是一个喜欢果树的人。他在它上面种了两排葡萄，还搭了一个又宽又长的葡萄架。这幅风景上的小洞就这样补好了。王老师再次走过的时候，看到这个改变当然很高兴。她和赵大叔两人同住一个村，但是平时没有什么来往。这次他们倒交成了朋友，王老师对赵大叔种的葡萄也关心起来了。

时间在飞，两年过去了。李明升了两级，是小学五年级的学生。赵大叔种的葡萄树当然也长了两岁。在葡萄中，两岁算是进入成年的阶段了。所以这年春天葡萄树就开始结起果来。赵大叔只要一有空就到这里来，不是给葡萄浇水，就是施肥；不是整枝，就是喷除虫药。他简直像培养鲜花似的培养它。有一天下午，王秀珍老师又经过这里。太阳还是那么红，可是这块原来是积水的洼地①，现在却变成了一个美丽的葡萄园，而且里面还飘出了愉快的歌声——虽然它的调子粗得有点像断了弦的琴音。走进去一看，原来是赵大叔在一面喷除虫药，一面唱着歌。王老师放下手提包，也帮助赵大叔喷起药来——不过她没有唱歌。

"我有一个想法，"赵大叔说，"咱们村里的那几个

———————————
① 洼地：低洼的地方。

小学生，如果他们这一学年的功课考得好，秋天开学的时候，我想给他们开一个葡萄晚会，给他们打打气。你愿意来主持一下吗？"

"当然愿意！"王秀珍老师说，"我还可以代你组织几个节目。"

从此以后，他们只要有空闲，就一起到这里来料理葡萄。到了夏天，葡萄粒儿就都成了小圆球——因为这是玫瑰香，所以形状像小圆球，水汪汪的，看起来和翡翠珠子差不多。李明有一次看到了这些果实，不知怎的，他当时就咽下了几口口水。他真想吃它几口！

不过期终大考不久就到来了。他决心要在这次考试中争取门门功课得满分，操行"优"等，因为再过一年他就是毕业班的学生了，他无论如何要在毕业以前戴上红领巾。在这样决心之下，他终于把葡萄忘掉了一个时期。大考结束后的第三天，他到学校去领暑假作业提纲，顺便也领得了成绩簿。翻开一看，成绩的总平均是满分，操行是"优"等。这样令人满意的事儿，在他有生以来还是第一次。他在回家的路上感到有点儿飘飘然了。这时他走近了葡萄园。那里面忽然飞出了一只黄雀。它对着他唱了一支歌，接着就翘了翘尾巴，又飞进去了。它这是什么意思呢？是庆贺我总平均得了满分呢，还是告诉我里面的葡萄熟了？好在现在也没有忘掉葡萄的必要，为了要探问一下究竟，他就跟着这只黄雀钻进葡萄园里去了。

呀，几个星期不见，葡萄长得更漂亮了！有一部分果实已经变成紫红色；少数较大的颗粒甚至还变得乌黑，亮闪闪的；有几颗还微微地覆上了一层白色粉末，像是在蜜糖里泡过似的；可不可以尝它一颗呢？是的，只一颗！这不能算什么错吧？于是他伸出手来，高高地往上一跳，想从顶上悬着的一串最丰满的葡萄上摘下一颗来，没想到他用力过猛，拉下来的不是一颗，而是半串。他的脸当时就白了。这可怎么办？他本能地向四周瞧了一下。还好，没有人看见。他连忙溜出了葡萄园。

走了一段路以后，他的心才算镇定下来。这时他发现那半串葡萄还在他的手里。他匆匆地把它揣进裤袋，只偷偷地揪下一颗塞进嘴里。这颗葡萄被他的舌头一顶破，一股香甜的汁水立刻就从那里面涌出来。滋味不可说不美。因此不难理解，他裤袋里的那半串葡萄不到几分钟就不见了。回到家以后，嘴里的葡萄味儿还没有散。

这天晚上他做了一个梦，梦见他单独一个人站在葡萄架下，那些又圆又鼓的葡萄一颗一颗地自动落进他的嘴里。第二天他一直在想着这个梦——也就是说想着葡萄的滋味。经过了几天的思想斗争，他终于给自己找出了一个正大光明的理由：现在是暑假，一个学生应该出去逛逛，休息休息头脑嘛！但是他却拐弯抹角地走到葡萄园旁边来了。

他在葡萄园外停了几秒钟，看见四周没有人，就轻轻地钻进去了。这次他扯下来的不是一个半串，而是几个半串。他连忙塞了几颗到嘴里。正在这时候，葡萄叶子忽然簌簌地响起来了，好像是有人走进来的样子。他的眼睛当时就黑了，头也开始发昏，几乎要倒到地上。幸好有一阵风及时吹到他的脸上，使他的神志清醒过来。他定睛一看，原来刚才的响声就是这阵风搞出来的，凭空弄得他虚惊一场！塞进嘴里的那几颗葡萄，几乎把他呛死了。好危险！葡萄的滋味这次当然也就不那么鲜美了。

"去你的吧！"他走出了葡萄园以后，来到一个小桥边，便把袋里的那几个半串葡萄往水里一扔，狠狠地说了上面这样一句话。他是一个有"决心"的人，从此他再也不愿意想起葡萄了，他甚至还避免路过这个葡萄园。不过在第二学年开始的那天，他在开学典礼上遇见了许多老同学，和他们一起玩了一阵子，回家晚了一点，他得赶路，所以他只好又经过葡萄园。一走近它的时候，他忽然听到里面有人声传出来。

一个声音说："王老师，你看，几串最丰满的葡萄现在都只剩下半串了！我本来打算把它们当作最精彩的东西，在今天晚会上最后拿出来，给大家一个惊喜。哪知道它们现在变得这样零零落落，我怎能拿得出手？"

另一个声音说："这个偷葡萄的人可太恶作剧了！这样漂亮的果实，经他这一撕，都成了破烂！"

李明一听就知道这是赵大叔和王秀珍老师在里面摘葡萄。他来不及再作别的推测，拔腿就跑，生怕被他们发现。他一口气跑到村口，那颗惊慌的心这时才算静下来。他向葡萄园那儿望了一眼，还好，没有人追上来。田野是安静的，美丽的，还是像一幅画；而映着落日余晖的这个葡萄园现在成了这幅画中最美丽的东西。

"想不到葡萄园是这样好看！"他对自己说，好像他是第一次才发现这个秘密似的，"可惜它结的那几串最美丽的果实，全都被我撕坏了！"

这时他忽然感到心里有一阵刺痛，因为他忽然觉得自己是一个自私的人：为了满足自己的私欲，居然不惜破坏美丽的东西，而这些美丽的东西又是赵大叔和王秀珍老师用辛勤的劳动创造出来的。操行评定得"优"的人能干出这样的事吗？他的脸烧起来。他恨不得立刻就钻进睡房里去，用被子把自己的脑袋蒙起来，再也不要见人。但是当他一跨进大门的时候，他就听见妈妈在里边和邻居刘婶婶谈孩子的事情。妈妈用满意的口吻说："上学年李明的考试成绩和品行都还不差，这一学年大概可以戴上红领巾了。"他一听到这句话，就马上又转身走出来，脸上由红而变白了，并且还出了一身冷汗。

　　怎么办呢？他站在门外觉得心里难受极了。沉思了一会儿以后，他"决心"再回到葡萄园那儿去。这时赵大叔和王秀珍老师正好从园里走出来，手里各自提着一篮葡萄。李明一把抱住王老师，扑到她怀里，呜咽地哭起来。这种意外的行动可把赵大叔和王秀珍老师吓坏了。他们以为他出了什么事故，非常惊慌。李明看到他们这种关切的神情，更感到不安和惭愧起来。于是他说：

　　"是我——是我嘴馋撕坏了那些最美丽的葡萄！"

　　这句话是赵大叔和王秀珍老师所没有料想到的。他们两人你望着我，我望着你，说不出一句话来。王老师更不知怎么办才好，她只顾用手不停地抚摸他因抽噎而颤动着的脑袋。最后还是赵大叔打破了沉寂，他做出了一个勉强的微笑，对李明说：

　　"不要哭了吧！我知道葡萄的粒儿大，你的眼馋，控制不住。不过你这个小家伙也太性急了，等到现在熟了吃不是更好吗？你是一个诚实的孩子，我想请你作为特别客人来参加咱们的葡萄晚会，来吧！"

　　这天晚上，王秀珍老师怕李明不好意思来，还亲自去邀他。说来也奇怪，在这次晚会上，葡萄的滋味确是比任何时候都甜都香。连会场上的空气也似乎又甜又香，因为大伙儿吃的时候还表演了许多节目。老实说，李明懂得吃葡萄的乐趣这还是第一次呢。就在这次晚会上，他给自己又下了一个"决心"：今后决不再干偷偷摸摸的见不得人的事情！

这个"决心"，王秀珍老师知道不知道呢？当然知道！因为她从他以后的行为中看出来了。所以在小学毕业的时候，他终于戴上了红领巾。入队的那天，王秀珍老师指着他戴上的那块崭新的红领巾，低声地对他说：

"一个人难免偶尔做点错事，只怕没有勇气改正。让这块红领巾经常提醒你做一个有勇气的人吧！"

选自《天鹅》，长征出版社，1995 年 6 月

燕雀的歌

"你怎么又闷闷不乐呢？"燕雀问他正栖着的一根枝子上的杜鹃花①，"要不要我给你唱一支歌？"

杜鹃花惊了一下，说："呀，是你飞来了。你落下来那么轻，我一点也不知道。我没有什么不乐的，只是想你，有些闷。你真的来了！唱吧。"

燕雀立即唱了一支他觉得是最美丽的歌。杜鹃花听得眉飞色舞，好像回到了最年轻的时期。其实她是老得不能再老——老得有多大年纪连自己也不知道。平地上的杜鹃花长得又矮又小，活不到两三年就要萎枯了。但是她生长在峨眉山②半腰的一个石崖旁，周围全是小灌木，谁也不来，因此她就没有人采，长呀长的，成了一棵老树。但正因为老，她的花开得特别大。燕雀本来是平地上的小鸟，但是这只燕雀有雄心壮志，身材虽小，却要往高处飞——往峨眉山上飞。可是他每次刚飞到半山腰就吃不消，得落

---

① 杜鹃花：亦称"映山红"。杜鹃花科，半常绿或落叶灌木。

② 峨眉山：中国四大佛教名山之一。峨眉山位于中国四川峨眉山市境内，景区面积约 154 平方千米，最高峰万佛顶海拔 3099 米。

下来。有一次他在这棵杜鹃树上，看见她开的大朵杜鹃花，就偎到她旁边来，为她的美所吸引，唱了一支歌。杜鹃花一直过着孤寂的生活，这支歌唱得她心花怒放，就要求燕雀常来看她。燕雀也正有这样的想法，这样他们就成了亲密的伴侣，隔一天不见面就感到非常难受。

燕雀现在唱罢了这支美丽的歌，就把他的小脑袋贴到花瓣上，低声讲了一些下边他所看到的人间的故事：哪个放牛娃撒野，让他的牛吃了人家的庄稼；哪个农民在稻田里不要命地干活，在烈日下晕倒了……杜鹃花生长的地方偏僻，从没有人来过，她也从没有见过人，因此这些故事她听了感到非常有趣。因此这次燕雀讲完故事飞去时，她却比平时更郑重地叮嘱他："明天可要来早点啦，你刚才不是看见过吗？我多闷！"

"明天我一定早来，你放心吧！"

可是第二天，出乎意料，燕雀却没有来。杜鹃花等呀等的，一直等到天黑仍不见他的影子。这一天是无望了。杜鹃花真的闷起来，闷得一夜睡不着觉。第二天燕雀又没来。杜鹃花开始病了。到了第三天，又快要天黑的时候，燕雀仍不见踪影，杜鹃花就真的病倒了，她的花瓣也垂下来了。第四天，太阳爬到天上三四丈高，天空是那样美，但还是见不到燕雀的踪影。

"啊，我还不如死去的好！"杜鹃花叹气说，"多寂寞呀，太痛苦了！"

"不要痛苦，"一个亲热的声音忽然从上空飘来，"我来了！"

杜鹃花抬头一望，果然是燕雀又飞来了。杜鹃花又惊又喜，倒是真的高兴得要死了——当然她没有死，反而变得精神抖擞起来。

"你搞什么恶作剧？"杜鹃花说，声音中不无责备的意思，"你简直要叫我急死了。"

"不是我恶作剧，"燕雀解释着说，"是个放牛孩子在捣蛋。他在稻田旁的一棵树枝上涂了很多黏胶，我在稻田觅了一阵食后飞上去，刚在枝子上一落下脚就被粘住了。他马上爬到树上把我捉住，在我的腿上系一根绳，把我拎在他家里当玩物来摆弄！"

"真可恶！"杜鹃花气愤地说，"人真是个讨厌的东西，从小就那么坏！让我瞧瞧你的腿。"

燕雀把腿伸给她看。可不是，腿上有伤痕。她难过得不得了。"人这个东西真讨厌！以后再不要和他们打交道！"

燕雀沉默了一会儿。

"嗯，不能这样说吧。"他说，"他们也很辛苦，没有他们种稻子，我也捡不到稻田里剩下的残粒，我恐怕早就饿死了。"

"那么你还喜欢他们？"杜鹃花不以为然地说，"他们从小就那么坏！"

"还是不能这样说，"燕雀说，"还是他们解救了我哩。那孩子的爸爸——一个勤劳的庄稼人，发现我被拎得有翅难飞，就立刻解开了那根线绳，又让我回到空中。他还骂了那孩子一顿，说不让我在空中为他们唱歌，他们干起活来也没劲。那孩子听懂了，答应以后再不干这样的事。你看，我现在不又在你身旁了吗？"

"唔——"现在是轮到杜鹃花沉思了。她的气渐渐地在消散，过了一会儿，她自我解释着说，"对，我也要像那个孩子一样，听懂了就要改变态度。孩子不懂事，只要大人教育他，而他又听话，那么这个世界就好了。"

"可不是？"燕雀说，高兴起来，"我现在又能给你唱歌，你大概也不想死了吧？世界究竟是美好的呀！我们又能天天见面，见面就唱歌。到峨眉山来旅游的人，虽然眼看不到我们，但耳听到我们，也会更高兴。好，我再来唱支歌给你听！"

这时燕雀就放开嗓子唱了。杜鹃花的心情也随着歌声变得昂扬起来。燕雀忽然觉得她的颜色变得比任何时候都鲜艳。杜鹃花也觉得他的歌唱得比任何时候都好听，都美丽。

月光下

　　小梅住在村子的另一头，离我家不算近。但我很喜欢她，隔几天见不到她，就觉得好像失去什么似的。她的脾气好，和我们玩的时候，从不和男孩子吵嘴或打架，就是我们欺侮她，她也不生气。这使得我很同情她，同时也使我觉得不好意思。对她讲几句温和的话，她总是对我微笑，看来她也喜欢我。

　　那是在农历七八月，收获的季节，人们特别忙。稻子要割下来，及时捆好，挑到稻场上去脱粒，还要尽快晒干、储藏起来。因为那时雨水很多，一淋雨，粮食就要霉烂了。因此，村里的男女老少，在五更鸡叫时，就起来干活，到晚上伸手不见五指的时候才收工。

　　我们小孩也不例外，成年人没时间做的事就落到我们身上。男孩子得放牛、拾猪粪，看守摊在田里的稻子，脱粒的时候打下手。女孩子要烧水、做饭、洗衣，往田里和场院里送茶……大家都忙得不可开交，玩的机会简直就没有了。平时我们吃完晚饭就到村前的广场上捉迷藏、打仗、赛跑。但是这些日子，大家一吃完晚饭，就感到全身酸痛，一倒在床上，就呼呼地进入了梦乡。

　　所以我已经有好几天没见到小梅了。尽管那么忙，但我却很想她，倒不是因为我想和她玩。和大家一起玩的时候，她顶多跟在后面，有时还跟不上。大家都说她笨，常常把她赶出队伍。她只好站在一旁，呆呆地看我们玩，但从不生气。

　　有好几天她没有在村前广场上出现了。我猜她可能是累病了，或者是因为什么活没干好，在家里挨了打骂。她是个童养媳，这样的事是常发生的。

　　一天晚上，大概是月半，我吃完晚饭，正要上床去睡，偶一回头，看见窗外的月光分外明亮。说来也怪，我全身的疲劳立刻全消了，也觉得脑子格外清晰。我不想睡了，溜出门站在村前广场的角落里，抬头望着天上那一轮明月。月亮真美，引起我许多不着边际的想象。整个村子已经入睡，周围非常寂静，我的想象飞得更远，我的心情也随着想象波澜起伏起来。现在回想起来，可能就是一种所谓"诗情"在我心里"冲动"吧，虽然我不会写诗。

　　我呆望了月亮很久，陷入一种说不出原因的沉思中去。这时我突然发现有个女孩子，站在一棵槐树旁，背对着我，也在望月亮，而且望得很出神，周围的一切，似乎都没有引起她的注意。我再仔细一瞧，她就是小梅。我几乎要跑过去和她聊聊，告诉她我多么想念她。但她也和我刚才一样，那么聚精会神地在凝望着月亮。我似乎懂得了她的心境，不敢惊动她。就这样，我们两人沉默着，在月光下一动也不动，成了月夜静物的一部分。

天　鹅

——写给幼儿园的阿姨们

池水真是清亮极了，像一面镜子。上面的蓝天像一个倒悬的大海，海上航行着一朵一朵的白云，白云下面飞翔着三三两两的燕子——这些东西，和岸旁的垂柳一样，全都在池水里映出来了，甚至小蕙自己的那个小红脸蛋也在水里映出来了。小蕙本来是站在柳树下面吃饼干的，一看到这种景象就停止了咀嚼，因为这时有一个问题在她的脑子里闪过：这样静静的池水怎么一下子变得热闹起来了呢？

"因为今天没有风呀！"水上有一个清脆的声音回答说。

小蕙低头一看，原来有一只白色的天鹅向她游来。它那对亮晶晶的眼睛在望着小蕙那副天真而又有点惊奇的面孔。难道天鹅是在对她说话吗？不，它的嘴只是微微地张着，并没有动。

"你在想什么呢，小蕙？瞧你手里的饼干快要掉下去了。"

　　咦，天鹅是在对她说话呀。小蕙像发现了一件了不起的秘密似的，高兴得几乎要笑出声来。她现在明白了，天鹅和人不一样，没有嘴唇，只能老张着嘴让声音从喉咙里冒出来，好像是向人乞讨似的。

　　"你真聪明，天鹅——虽然你的样子有点馋，"她说，"好，这块饼干就请你吃吧。"

　　于是她把饼干向空中一扬，天鹅立即从水上飞起，一下子就用嘴接住了。天鹅衔着饼干，在小蕙面前盘旋了两圈，似乎是感谢她的样子，但它没有说"谢谢"，因为它的嘴现在张不开。它向海一样的蓝色天空飞去了。

　　小蕙不停地向它挥着手。当它的影子快要在白云中消逝的时候，她望着它的背影，留恋地说：

　　"多漂亮的鸟儿啊！要是你能留在这儿不飞走该多好！无论如何我明天还要到这里来。希望能再见到你！"

　　"小蕙，你在讲什么？"是姥姥的声音。

　　小蕙睁开眼睛一看，果然姥姥站在床前。姥姥一定早就起了，因为炕上她盖的那床被已经叠好了，而且屋子也收拾好了。她手里拿着一块抹布，正在擦桌子。看样子她大概连早晨的稀饭也熬好了。小蕙觉得脸上有点发痒。她用小手搔了两下，这才发现她的脸上和枕头上全都照遍了热烘烘的阳光。太阳早已起身，开始了这一天的工作，在发挥它的热量。小蕙连衣服都来不及穿，就打着赤脚一骨碌儿跳下床来了。

　　"你刚才在和谁说话呀？"姥姥问。

"我在和一只天鹅说话，姥姥。"小蕙低声说，觉得怪不好意思。她本来打算今天早起，结果反而晚了。

"为什么睡得好好的，忽然要和一只天鹅说话呢？"姥姥又问，"你一定又是在做糊涂梦了！"

"说不定我今天真的会看见一只天鹅呢，姥姥。我昨天不是告诉过你，陈阿姨今天要带我们到动物园去玩吗？"

"啊，对了，今天是'六一儿童'节！"姥姥说，"上了年纪，脑子不灵，听过的话转身就忘了。快去洗脸，不要上学迟到了！"

小蕙连忙拿起脸盆到水缸旁舀水。姥姥按照她的老一套规矩，先把桌子擦干净，然后把稀饭、烤好了的窝窝头和一盘咸菜端到桌子上来。吃完早饭，姥姥在衣柜里翻了一阵，想给小蕙换一件漂亮的新衣。但是她找了好久，始终找不出一件满意的衣服来。事实是，在药厂里工作的妈妈这几天的生产任务非常忙，把女儿的节日忘掉了——不过小蕙也没有主动提醒她。她只是在临睡前对姥姥提了一嘴。姥姥当时也没有在意，现在可难住她了。"好在衣服究竟是次要的东西，"姥姥自言自语地说，"只要穿得暖和，穿得干净就得了。姥姥的手虽然有点抖，但衣服却洗得非常干净。现在她就挑选了一件洗得干净衣服给小蕙。这件衣服她还亲自熨过，熨得很平，连几个小补丁都看不出来了。

小蕙穿上这件干净衣服感到相当满足。姥姥当然很得意，因为这是她亲手洗净并熨平的。她特地亲自送孙女上幼儿园，分手的时候还特别希望她过好这个节日。小蕙向姥姥摆了摆手就兴高采烈地走进教室里去了。同学们都在围着陈阿姨说笑。小蕙这时才意识到，她换衣服花的时间太多，弄得迟到了。她有点难为情，因此悄悄地走到一个角落里，在一张矮凳上坐下来。陈阿姨是刚从师范学校毕业的学生，非常喜爱孩子。小朋友们现在都争着要和她讲几句话，她虽然已经注意到小蕙的到来，因为分不开身，就没有招呼她。她想小蕙过一会儿准会挤过来，因此也就没有再理她。

"陈阿姨，瞧我的手！"一个小姑娘大声说。

陈阿姨把这个小姑娘的小手翻过来看了一下，然后又摸了摸她头上的两根小辫子，笑了。

"今天你的手洗得真干净！"陈阿姨说，"你的辫子也梳得好看！是妈妈给你梳的吧？还换了新头绳，颜色和你的新衣服非常相称。"

陈阿姨的这番称赞吸引了另一个小姑娘的注意。她一把抱住陈阿姨的双膝，望着阿姨微笑的脸，虽然没有说什么话，但意思很清楚：她也希望陈阿姨瞧瞧她为这个特别节日换的一身新装。

"你真像过节的样子！"陈阿姨满足了她的愿望，发表了自己的意见，"你这身衣服是新做的吧？我还没有看见你穿过它呢。颜色真鲜艳！"

于是她用双手把这个小姑娘举起来，让大家能看见她的新衣服。这时有一个平时好动的男孩子也控制不住自己，扑进陈阿姨的怀里，他的意图也很明白：他也希望得到陈阿姨的称赞。的确，他今天破天荒第一次约束住了他那双不老实的手。平时不管妈妈给他把脸洗得多么干净，离开家不到两分钟他就会弄成一个花脸。这次他连手上都是干净的，跟离开妈妈的时候没有两样。

"我几乎不认识你了！你的脸配得上你今天换的这身新衣服！"

陈阿姨说完后就在他那白净的脸上亲了一下。

在这期间，小蕙和陈阿姨的预期相反，一直不声不响地坐在她那角落里，没有凑上前来。事实上，她感到有点寂寞，因为她注意到，今天几乎每个人都有了一点新的打扮，有的人甚至连头绳都换了，扎上一个大蝴蝶结。只有小蕙还是老样子，一点也没有改变。相比之下，她觉得自己太寒碜，身上没有丝毫节日的打扮，虽然她节日的心情比谁都浓厚——她甚至今天早晨还做过节日的梦哩。难怪陈阿姨没有理她。于是她的头慢慢地垂下来了。她不敢看同学们，甚至连陈阿姨和同学们的欢笑声她也不敢听了。

当然陈阿姨没有想到这一点。她越称赞孩子们穿得漂亮，小蕙的头就垂得越低。最后，小蕙的头低得几乎看不见，只剩下她那两根小辫子高高地翘在空中。她觉得自己是一个多余的人，想要偷偷地溜出去，回到家里抱着姥姥哭一场。她觉得，如果自己挨着墙走，不弄出一点声音，谁也不会发现她的，因为她认为大家已经把她忘掉了。恰好这时陈阿姨瞥见了小蕙头上翘着的那两根光秃秃小辫子，她明白了小蕙独自坐在那个角落里的原因——一定是因为没有穿新衣，自尊心受到了损伤，她幼小的心灵一定在感到悲哀。怎么办呢？责备自己已经来不及了，陈阿姨感到不安，有点着急。

她沉思了一会儿，连忙走到小蕙身边来。她把小蕙抱进怀里，用一只手轻轻地托起她的下巴，小蕙的头慢慢抬了起来。陈阿姨热情地在小蕙的脸上亲了一下，把脸掉向大家，说：

"你们瞧，小蕙今天多么可爱！她这身衣服多么干净，多么整齐！她的辫子也扎得非常漂亮！"她又放低声音，对着小蕙的耳朵问："这对辫子是姥姥给你扎的吧？"

小蕙点了点头，但她有点纳闷。她怀疑陈阿姨的话，她怀疑别人会不会相信。她偷偷地向周围的小朋友们瞧了一眼。是的，二十多对明亮的视线都集中在她身上，她的怀疑得到了证实。大家都似乎在奇怪，陈阿姨为什么忽然要这样亲切，而且还称赞她"可爱"呢？那些敏感的眼神似乎是在说："瞧她衣服上的补丁，这怎么可爱得起来呢？"

欢腾的教室忽然变得沉寂，这可叫陈阿姨为难了。她没有想到，她刚才对孩子们新衣的称赞产生了这样的后果。这时她才意识到，她无意中把新衣服当作美的标准，而且无形地让孩子们接受了这个标准。这与实际情况不符。小蕙的确有她可爱的地方，有她特殊的美——朴素的美。

"你们瞧，小蕙多美！"她面对孩子们说，"她是这样朴素，这样自然，你们说对吗？"

孩子们思索了一下，又把小蕙仔细瞧了几眼。是的，小蕙一贯是朴素自然、干净整齐。现在她偎在陈阿姨怀里，经陈阿姨这一提醒，大家更觉得她看上去像一朵小白花——一朵在各色花丛中盛开着的纯洁的小白花。

"是的，陈阿姨！"大家齐声说，同时都兴奋起来，"你说得对，小蕙真可爱！"

小蕙这时才笑了。她看得出大家说的是真心话。

陈阿姨把小蕙放下来。孩子们都围过来，有的拉着小蕙的手，有的和她说笑。小蕙刚才那种孤独的感觉，现在也开始消逝了。她也很想跳跃一下，表示她和大伙儿一样，对这个节日感到非常的愉快。但是陈阿姨已经走向门口，说：

"好，我们出发吧！时间不早了。"

大家开始排队。

小蕙因为长得比较矮小，排在最后面。陈阿姨怕她掉队，就拉着她的手走。陈阿姨昨天说过，今天要去参观大家渴望已久的动物园。她没有失信，现在她就领着大家坐上开往动物园的汽车。

小蕙不知说什么好，陈阿姨对她太关心，太爱护了。她一直保持着沉默，她像是有点不好意思，又像是在想什么事。事实上，她心里还是保留一个疑问：陈阿姨起先喜欢大家穿的新衣服，然后又喜欢自己穿的旧衣服，这究竟是怎么一回事呢？当她走进了动物园的大门的时候，她轻轻地把陈阿姨的衣襟拉了一下，低声问：

"陈阿姨，你刚才说'朴素''自然''多么干净'……你真的觉得这是些可爱的东西吗？"

陈阿姨惊了一下，她低头望了望小蕙，发现她那对敏感的眼睛投射出疑问的目光。她不知怎么回答。过了一会儿，她反问道：

"你说呢？"

小蕙沉思起来。

"我觉得可爱，"她说，"我今天的衣服，姥姥不知亲手洗了多少次，夜里还在灯下给它缝过补丁，我一穿上它就记起了姥姥，好像她就坐在我的身边，我感到特别暖和舒服，所以我觉得它可爱，但是我不知道别人觉得怎样。"

"别人也觉得它可爱，你瞧多少人在羡慕你，他们不每个人都有这样的姥姥——给他们洗衣服，补衣服，而且洗得这样干净，熨得这样平！"

这段简单的交谈，终于把陈阿姨和小蕙之间的疙瘩解开了。小蕙觉得陈阿姨的话说得有道理，没有骗她。说真话的人当然就是自己的知心朋友了。既然这样，她觉得有必要把一件巨大的秘密告诉她：今天天还没有亮，她就在梦里和大伙儿一起到动物园来游园了，而且还在水池边看见了美丽的白天鹅。

陈阿姨听完了这个"秘密"，赞不绝口。她说："真巧！真巧！我们现在就要去看天鹅。"

　　小蕙从来没见过天鹅。前不久陈阿姨给大家讲过一个安徒生的童话故事，在那个故事里，她第一次听到关于这种美丽的鸟儿的事情。后来她在一本画册上看到这个鸟儿的形象，从此就爱起这种动物来了。有好几次她和姥姥谈起这种鸟儿，姥姥也爱起它来。小蕙一直想找机会看看这种鸟儿，所以昨天陈阿姨一提起上动物园，她就马上联想起它来，到了夜里它就在她的梦里出现了。小蕙到动物园来过几次，但她从没有看见过这种鸟儿。现在真好，陈阿姨专门带他们到水禽池来看天鹅了。陈阿姨在水边站住，遥遥地指着水面上的一对美丽的大白鸟说："瞧，那就是天鹅！它们在欢迎你们！"

　　果然不错，这是一对美丽的白天鹅，跟画册里的一模一样。它们优雅地、庄重地向小蕙游来，好像早就已经认识了她似的。小蕙兴奋得不得了，高兴得几乎要叫出声来。事情的发展，比她昨夜做的那场梦似乎还要美妙得多，因为她一直认为天鹅只有欧洲才有，只有在童话里才出现，在我们的动物园里不一定会遇见它们——虽然她盼望能遇见它们。

　　"阿姨，你不是说过，天鹅只在欧洲北部才有吗？"她仍然用怀疑的口气问。

　　"对，我讲过，那是安徒生童话里的天鹅，当然在欧洲。"陈阿姨用一个严肃的声音说，"但我们东北也有天鹅。它们冬天飞向南方去过冬，夏天再飞回到东北的老家去。只是它们从来不到这儿来。"

"它们现在为什么到这儿来了呢？"小蕙又问。

"因为你们喜欢它们呀！你们想看到它们而没有机会，所以我们国家就特地请它们到这儿来安下家，好叫你们可以常常见到它们。"

陈阿姨的话真说到她的心坎上去了。她多么渴望看到天鹅啊！现在她不仅看到了，而且还知道天鹅已经在这里安下了家，不会飞走——就算飞走了也会再回来。对她说来，今天再也没有什么别的东西比这更使她满足的了。她一时找不到适当的话语来表达她的心情，她只是连声对自己说：

"这次游园真有意思！"

玫 瑰

小青种了一盆花。花的枝叶长得非常茂盛，有一个花苞还裂开了一个缝，像是在微笑。栽花的盆子本来是姥姥装煤球的一个土钵。因为它底下破一个洞，边上又有一个缺口，姥姥就把它扔在屋檐下。小青把它捡来，装满黄土，并且用一块小瓦片补好了那个缺口。一个煤球钵就这样变成了花盆，现在居然还长出了一丛玫瑰花。那浓密的枝叶漫到盆外，它的缺口也看不见了。

"哟，好大一个花苞，简直有拇指那么粗！"星期天的早晨，姥姥在打扫窗台的时候，好像发现了一个什么秘密似的这样叫了一声。

姥姥放下鸡毛掸子，找出一块柔软的抹布，认真地擦起花儿的叶子来——她发现它上面有了灰尘。在她擦的时候，她发现花苞的裂缝里隐隐地露出了几根粉红色的花蕊。她不禁又惊叫了一声："哟，就要开花了！"

小青正伏在大方桌上做功课。他听见姥姥这一连串惊奇的叫声，就三步并作两步地走过来。可不是，玫瑰要开花了！他的脸上立刻现出了笑容。但是不，他把笑又收回去了。事情哪有这样简单？他回想起他种玫瑰的经验——这里面有愉快，但也有辛酸。那是一年半以前的事：

有一天，他偶然注意到学校的门房叔叔用插枝的办法种了许多玫瑰花：教务处、教室窗台上、会客室，什么地方都有。浅红的、深红的、粉红的、紫红的……各色各样的花，真是好看极了。小青不禁对玫瑰也感兴趣了。从那时起他也偷偷地种起玫瑰花来，他在那个破瓦钵里就插过好几回枝。记得头一次插进的枝，压根儿就没有发过芽——因为盆里的土质不好，充满石灰渣和瓦砾。第二次插的枝，总算长出了三四片叶子，但是不到三个星期就枯萎了，因为他有好多天忘记了浇水。第三次的试验总算有了结果：结了两个花苞。但是一阵狂风袭来，不仅把它们吹落了，连枝子也被折断了。这是因为他早晨上学的时候，看见天气那么好，专门把它搬到院子中央晒太阳，中午回来时他忘记把它搬进去——虽然他早已从广播的天气预报中知道午饭后会有暴风雨。现在这盆花是他的第四次试验了。这次他吸取过去的经验，小心翼翼地培养它，但谁会知道，在最后的一刻钟它会不会又出什么事故呢？

"你在想什么？"姥姥打断他的沉思问。

"我在想这颗花苞会不会开花。"

"傻孩子，你太爱费心思了！"姥姥笑嘻嘻地说，"花苞已经裂了缝，还愁开不了？我现在要出去买菜，等我回来时它就会开出一朵花——一朵顶漂亮的花。"

姥姥把房间收拾完，就提着菜篮子出去了。她开门的时候有一只蜜蜂趁势飞了进来，它径直飞到这盆花上，绕着它打旋。无疑地，它是想要采蜜。它的鼻子真尖，在门外就闻到了花香！它绕着玫瑰发出嗡嗡的歌声，小青听了一会儿，不禁又笑起来。这时那个花苞也似乎笑起来了，而且还似乎是在对着他笑呢。它似乎是在说："你看，我现在要开花了，蜜蜂已经迫不及待地要来采我的蜜了。"

"是的，你现在要开花了，"小青在心里对它说，但是没有发出声音来，因为他还有点儿怀疑。不过他还是弯下腰在花儿上深深地吸了一口气。盆里的花发出一阵清香。它不仅成了一个花丛，而且还能发出花的气息。这次它真的长大成形了！

温暖的阳光从窗玻璃射进来，照在这盆花上，花枝似乎在伸展，花苞也似乎在伸展。在花丛上飞旋的那只蜜蜂忽然落到花苞上来。起初它犹疑了一阵，随后忽然翘起后身，使劲地把头往花苞的裂缝里一钻，好像是决心要吸尽花蕊中的蜜似的。不知它是吃醉了呢，还是睡着了，它再也没有把头伸出来。就在这时候，第一个花瓣张开了，接着第二个花瓣也张开了，第三个花瓣也张开了……看啊，玫瑰花儿果真开了——开了一朵完整的、粉红色的花！

多可爱啊！这样美丽的花儿应该多有几个人——特别是喜爱花的人——来欣赏才好。可是现在这儿只有他单独一个人。这未免太可惜了。想到这里，小青急了。他这一急就记起了一位同学来。这就是和他在教室里共用一张桌子的翠儿。她很喜欢花。每天放学的时候，她总喜欢在门房窗外逗留一会儿，看看门房叔叔陈列在窗前的几盆玫瑰花。可是她这几天没有上学，因为她病了，躺在床上起不来。

提起她的病，小青的心一沉，脸颊上不自觉地红了一片，因为这病可能与他有关。那是上星期五的事情，他们俩放学回家的时候，正遇着刮大风。他拉着她没命地跑。

刚跑了没几步,翠儿不小心跌倒了,伏在地上起不来。小青不但没有扶她,反而用轻蔑的口吻讥笑说:"女孩子,真不行!连跑步都不会!"她在地上挣扎了一阵,终于还是站起来了。翠儿气冲冲地在他后面喊:"我希望从今以后再也不要见到你,这样瞧不起人!"从那天以后,小青就没有再见到她了。每次看到自己旁边的那个空位子时,小青的心里就感到不安;但是为了"面子",他又没有勇气去向她道歉。现在他亲手栽的玫瑰花开了,而翠儿又喜爱玫瑰花,要不要趁这机会去拜望她一次呢?

他还没有来得及回答自己的问题,就已经用双手捧起了这盆花。他急急地走出了大门,但是他的步子却很稳:他怕惊动了那只睡在花里的蜜蜂,真幸运,当他走到翠儿家里的时候,花仍然还在开,蜜蜂也没有飞走。

翠儿睡在靠窗的一个小床上,眼睛微闭,面色发黄。小青轻轻地把花放在她床边的小桌上,他没有想到,这个动作惊醒了翠儿。翠儿慢慢地睁开了眼睛。她一看见小青就发起愣来,好像是说:"你怎么来了,我不是说过从今以后不要再见你吗?"但是这句话还没有说出口,她的视线就被桌上的那盆花吸引住了。翠儿那无神的眼珠立即亮了起来,好像她的病在这一瞬间就忽然痊愈了。事实上,她这时露出了一个微笑。这微笑好像是说:"多美丽的花啊,是你送来的吗?"

小青轻轻地点了点头,也微笑起来。但转念一想,他觉得这个表情还不够,所以他又用响亮的声音补充了一句:"这是我亲手种的花!"

"你看,你又骄傲起来了!"翠儿说。

出乎意料，这句看似谴责的话，却没有在小青心里引起任何反感。他倒是觉得，只有真正的好同学才会提出这样真诚的意见。他一时感动，就直率地说："翠儿，这几天我太寂寞啦，我真想你！"

"那么我明天就上学去吧！"翠儿的话说得这样干脆。

"你的病好了吗？"

翠儿点点头。"身上没有力气，腿有点儿发软，但一见到这盆花，不知怎的，我的精神就立刻恢复过来了，身上也觉得有了力气了——"但她马上又停住了。她用右手捂住嘴唇，用一个低得近乎私语的声音继续说："你看，花苞上的这只蜜蜂的后腿在颤抖，是不是我们说话的声音惊醒了它？"

他们赶紧捂住了嘴巴，小青轻轻地向门那儿移动着步子。他一边走，一边转头向翠儿微笑摆手，意思是说："明天在学校见吧！……"

小青到家的时候，姥姥已经买菜回来了。她正望着窗台发愣。"那盆花呢？"她关心地问。

"送给同学翠儿去了。"他回答说。

"你怎么忽然想起送给她呢？"

"因为她病了，她最需要那盆美丽的花。"

选自《天鹅》，长征出版社，1995年6月

"秋儿"和他的画

一

"秋儿"是母亲给他起的名字。什么时候起的，他也不知道。他只记得在他懂得些事的时候起，母亲就这样叫他。后来左邻右舍的人还有一起玩的小朋友也这样叫他。他觉得这个名字很亲切。他喜欢画画，现在他成了一个著名的花卉画家，今天正是他的作品展览开幕式。每幅画下边的签名都是"秋儿"，虽然现在他是个成年人——只是还没有结婚。他的正式称号是"黄景开建筑师"，因为他在一个建筑公司工作，为人设计房子——他也为此出名。观众都喜欢他的画，认为他将来一定是个大师。但他为什么在画上签一个孩子气的名字？他过去从来没有想过这个问题。从开幕式回到家里后，虽然很晚了，但他不觉得累，他就开始想这个问题了。于是童年的回忆涌上他的心头……

二

他的脑子虽然在回忆，但他的眼神却落到房间的墙壁、窗子、纸糊的顶棚和家具上去了。这是他母亲住过的屋子，也是他长大的地方。屋子很老，是他父亲从祖母那儿继承来的。父亲是个语文教员，总想攒几个钱把这间屋子修整一下，弄得好看一点，让儿子能够在一个比他自己童年更好的环境中成长。不幸的是在这理想达成之前，他就积劳成疾，过世了。母亲理解父亲的心情，虽然挣不了钱，但仍想叫儿子的童年过得称心一些，不要让人觉得他寒酸，瞧不上眼。

屋子因为年代太久，门窗都变得歪斜了，冬天灌风，夏天挡不住外面飘进来的雨水。尽管不是木匠，妈妈一有空就在它们上面修修补补。这对她说来是很复杂的工作，但她有耐心，也很顽强。"秋儿"上学回到家来，做完了作业，她也叫他帮忙学着修。这工作非常细致，那些歪斜的木格子只能扶正，不能损伤——损伤一根就难得配上，而且即使能配上，也得花钱。此外颜色也不调和，也不美观。妈妈是个喜欢颜色调和的人。她靠做手工活糊口，还要供"秋儿"上学，她也没有钱配材料。

妈妈的标准是很高的，她也做到了。顶棚糊得既严整，又光洁，到了春节还要换一次纸，年年如此。她自己过年也只吃素，省出一点钱买最好的大白。她只是为儿子买一点肉，为的是怕他嘴馋。格子窗也糊上最好的高丽纸——它的纹路细，外面的阳光可以透进来。屋子虽矮，但一点也不阴暗，亮堂得很。为了加强这种爽朗的氛围，墙壁也是用最细的灰膏刷得雪白——也是每年春节前刷一次。这间屋子虽是一个乱糟糟的大杂院的一个微不足道的部分，但它总是保持着焕然一新的面貌，看上去叫人感到愉快。

妈妈还会剪纸，而且剪得非常好。不管花草、鸟兽、虫鱼或京戏里的人物，她都剪得惟妙惟肖，栩栩如生。这也是她在春节前挣点收入的办法。这些精巧的剪纸一拿到市场上去，不一会儿就被一抢而空——当然她卖得也特别便宜。有些小孩和老人站在旁边看得眼馋，但掏不出钱，她还送一些给他们。这种装饰品给人带来喜悦，能叫大家快乐，特别是在春节期间，也是桩高兴的事。但是她拿到市场上去的，还不是最美的。最美的剪纸是挂在她屋子墙上和窗上的那些。它们有的代表一个故事或寓言，如"天女散花""喜鹊登枝"和"龟兔竞走"；有的单纯象征喜气，如"麒麟送子""富贵有余（鱼）"——一盆盛开的牡丹花加旁边玻璃缸里的一对大金鱼。人们一走进这间屋子就觉得琳琅满目，美不胜收。有一次"秋儿"的班主任姚老师来走访家长，一进门就惊叫："啊，这简直是一个画廊！"

姚老师喜欢写诗，也画画——主要是花鸟。所以她说的是内行话，有些分量。当然"秋儿"的妈妈不知道什么叫"画廊"，但她听了很高兴。

妈妈还是个种花能手。屋子里大一盆，小一盆，从腊梅到兰花，从仙人掌到蟹爪莲，样样都有。墙边、饭桌前和窗台上，都摆满了花——摆得整整齐齐，有条有理，与那些剪纸配合得非常得体。所以这个小屋子又像一个花房，但比花房雅致。

<h1 style="text-align:center">三</h1>

"秋儿"静静地望着这个屋子，沉浸在儿时的记忆里。在每年布置这间屋子的过程中，他经常当妈妈的助手，一边劳动，一边观察。渐渐他对屋子的设计和花卉的形态及摆设也感兴趣起来。他想画屋子的结构和花卉的姿态。他觉得妈妈虽然不懂艺术，但有艺术家的气质，瞧她剪纸的手艺和布置房间的格调多艺术化！妈妈还是一位培植花的巧匠。屋子门口那一排喜笑颜开的玫瑰花，就是她用剪纸的方式培植的，窗台上那一大盆郁郁葱葱的蟹爪莲是她亲手嫁接的。她懂得花儿的习性和喜好。她在培植它们的时候真的常常对它们自言自语地讲些什么，它们也好像听懂她的话，长得既茂盛丰满，又逗人喜爱。它们似乎总在对她微笑，像非常要好的朋友。

秋儿看到妈妈和这些花儿的感情交流，似乎懂得了它们的语言和它们的微笑，也似乎觉得自己是它们亲密的朋友，心心相印，因此他画它们也很传神。当他回忆他儿时与妈妈生活的情景，窗台上那盆蟹爪莲正开得茂盛，每一朵像一颗长长的秀丽的红色珍珠。于是他记起了十年前妈妈怎样从一个朋友那里弄得一段蟹爪莲枝条和把它嫁接在盆里一棵仙人掌上的情景。现在它和自己一样，也长大成材了，正发出青春的光彩。它好像在对他说："可惜你的妈妈现在不能看到我。"

　　妈妈是六年前去世的。那时他马上从一个中技专科学校毕业。因为他早就对房屋设计有兴趣，所以他学建筑。他的学习很好，得到了奖学金，但是他还不能谋生，无法像他所希望的那样，用适当隆重的方式把母亲埋葬。母亲的入殓很简陋。从那时起他决心要把母亲的精神继承下来，用他实际的工作来体现它。所以他要当一个有真才实学的建筑师，为像他的母亲那样的一些普通人建筑舒适经济而又美观的房子；同时也像他母亲那样的，把他们住的那些古老的旧屋子改装成他现在住的如此雅致而又朴素的居室。他还要把母亲养花的精神继承下来，那就是在他画的花卉中表达出妈妈培植这些花儿的深情以及这些花儿对栽花人所表露的盛情的反应。瞧，这盆蟹爪莲现在正开得那么欢，不正像在告诉他的妈妈现在正站在它旁边、把它看得喜笑颜开吗？是的，妈妈现在就回到了这个她亲手装饰的屋子里，蟹爪莲也正在对妈妈微笑。

　　妈妈的精神和她的形象，真的似乎仍长存在这些花儿和这些陈设中间——因此他把这古旧的屋子保持原样不变。他要让妈妈的精神在他自己的身上也能体现出来。所以他从中技专科学校毕业分配到一个建筑公司以后，就勤勤恳恳地工作，刻苦钻研，不几年就被提拔为建筑师。画画虽然是业余爱好，但因他在每幅中注入了妈妈培植花草时所表现出的那种认真仔细和亲切的盛情，他的作品现在也成为具有特殊风格的艺术品——所以美术家协会才为他举行这次他个人的展览。

这时他才顿有所悟，为什么他的画中一直无意识地用了"秋儿"这两个字签名。忽然晚间新闻广播中这样一则新闻打断了他的思路，也结束了他的回忆。

"今天开幕的'秋儿'个人画展赢得了广大观众的赞誉和喜爱。每幅画都具有生命，具有灵性。观众站在它面前，就似乎觉得它要传达给你说不尽的感情。"

"哥们儿"

这天，大家正在做数学练习，而且恰好碰到几道四则难题，所以整个学习小组都低着头，没有一个人讲话。何东升在皱着眉望着课本发呆——他除了发呆以外，似乎再也没有其他的办法。徐亮在用铅笔尖敲桌子，弄出一连串嘟嘟的响声，好像这个单调的响声就能解答他的难题似的。张兰平咬着她那薄薄的嘴唇，在聚精会神地琢磨那几道习题的解法。至于贾玉芝呢？她是组长，她在尝试用各种方法来演算。她希望能尽早找出问题的答案。

小组每天是在张兰平家里自习。张兰平家白天只有妈妈在家，爸爸在工厂里工作，要到很晚才回来。张兰平的妈妈整天躺在炕上，一句话也不讲。所以这个小院里静极了，只能听见徐亮那支铅笔敲桌子的声音。在静寂中，这个声音听起来颇有点像战鼓，使人感到紧张。当然，太阳已经偏了西，时间不早了。张兰平得准备淘米做晚饭；贾玉芝得回去扒炉灰倒垃圾；何东升得到公共供水站给妈妈提水。只有徐亮比较空闲，因为他家里有一个保姆，不需要他做事。但是多数的人都得赶回家去帮忙做家务。而现在这几道习题却一直做不出来，怎么叫人不着急呢？徐亮忽然把铅笔往桌上一扔，弄出一个更大的响声，好像是要故意加强这种紧张的气氛似的；接着他就站起来走出去了。谁也不知道他是被这几道四则题弄火了呢，还是因为坐久了感到有点儿厌烦。总之，他头也不回地离开了小组，穿过院子，径直向大门后边的厕所走去。他在自习的时候常常喜欢干这种事，成了习惯，作为组长的贾玉芝也没有办法，只好随他。

他在厕所门口远远地对何东升挤了挤眼睛。这个动作也只有何东升才会注意到，因为徐亮一离席，他的心就跟着飞了。他对着徐亮的信号也回挤了几下眼睛。于是他站起来，装作要小便的样子，也溜进厕所里去了。他们俩素来自称为"哥们儿"，非常亲密，所以何东升跟着徐亮的屁股跑，大家看惯了，也不觉得稀奇。贾玉芝只是低声地对张兰平说："你看，怎么办？看势头今天咱们的功课做不完了！"

张兰平把她那紧咬着的薄嘴唇松开，抬头望了望组长，她也无法帮助她。她只会自个儿读书、劳动——提起她的劳动，她简直像一个小管家，屋子收拾得干干净净，饭蒸得喷喷香。爸爸每天下工回来，总喜欢摸着她那两根四五寸长的小辫子说："吃这样一餐新鲜的饭，我这一天的疲劳全跑掉了！"只是她不会玩，也不爱跟人讲话。同学们闹起来的时候，她只能站在一边干着急。同学们如果拌嘴，她也只能站在一边干看。因此徐亮给她取了个绰号，叫"笨虫"。在"哥们儿"的眼中，她的确是一个"笨虫"。徐亮甚至还说过："有她这个人在场，小组就永远不会有生气。"

组长也看向张兰平，从她那两根四五寸长的小辫子一直望到她那个扁平鼻子上的几颗大雀斑。她从这位同学的脸上得不到一点启示。最后她只好微微叹一口气，仍旧低下头来对付那几道难题。张兰平了解组长的心情，但是想不出办法帮助她，所以也只好低下头来做功课。不知是由于敲桌子的声音消失了，还是由于什么其他的原因，她的脑子忽然活跃起来，把那第一道难题看懂了。经过几次演算，这道题她终于解答了出来。

"嗨，原来是这么一回事！"张兰平好像发现了一个秘密似的，忽然叫出声来。

"怎么一回事？"贾玉芝惊奇地问。

"第一道题我做出来了！"

贾玉芝把她的本子拉过来一瞧，可不是！那道习题的谜被她破开了！

"现在好办了！"贾玉芝说，"一通百通，其他的几道题再也难不住我们了！"

她本能地向玻璃窗外望了望西边的太阳，很好，它走得慢，小组今天大概可以完成作业了。她心上像落下了一块石头似的，变得轻松起来，同时脸上露出了笑容。她观摩了一会儿张兰平的解答，脑子也变得灵活起来。真是一通百通。她可以毫不费力地把其他几道难题也解答出来了。但是徐亮和何东升这两位"哥儿"怎么还没有出来呢？也不能让他们的作业落在后面呀。

"徐亮！何东升！快出来呀！"贾玉芝对着厕所喊，"时间不早了呀！"

可是那边却没有回音。贾玉芝着急，又喊了一次。仍然没有人搭理。不过这时厕所的门忽然开了。徐亮和何东升冲了出来。这两位"哥儿"，像两个拳师似的，紧捏着拳头，你捅着我，我捅着你，出人意料地打起架来了。这可把小组里的两位女同学吓坏了。两位"哥儿"平时形影不离，怎么这回翻脸不认人了呢？

"这样使不得！这样使不得！"贾玉芝一边说，一边跑过去拉架。张兰平也放下作业，跟着跑过去。她们齐声说："有意见讲道理呗，不该打架呀！"

两位"哥儿"总算被拉开了。但是谁也不承认理输，你一句，我一句，互相责难。从他们彼此攻击的语句中可以听出，冲突是由矿石收音机引起的。同学们很少有不爱做矿石收音机的，这是事实。有的做得很成功，可以收四五个波长的广播。徐亮最近也在做，不过他有一个毛病，就是不肯请教别人，而《怎样做矿石收音机》那本小册子上的描述又太抽象，他看不大懂，所以他做的头一个收音机失败了，白费了力气。他在一气之下，把全部零件都毁了。好在他爸爸妈妈疼爱他，所以他很容易又弄到钱买了一套新的零件。何东升受了他的影响，也学着做起来，不过他爸爸给零花钱不像徐亮的爸爸那样给得多。因此他好不容易凑了半年，才在前两天攒到够买一个廉价的耳塞子（可以作听筒使的）。他像一件宝贝似的把这个零件揣在怀里，走到哪里带到哪里。徐亮知道他的这个秘密，所以当他被那几道难题弄得烦恼的时候，就想起了何东升的这件"宝贝"，想借来瞧瞧，作为解闷。

"这小玩意儿是廉价品呀，能搞出个什么名堂！"徐亮用一种内行的腔调、但是鄙视的态度说，"矿石收音机最贵重的零件是分波器，你应该先买这个零件才对。瞧我的！"

于是他从衣袋里掏出一个崭新的分波器。这是今天他在中午休息时特地到百货公司买来的。他拿着它在何东升面前晃了两下，接着就神气十足地放进他的手里叫他瞧。何东升果真"瞧"起来了，而且"瞧"得非常认真。他东一扳，西一扳，好像是要揭穿它的秘密似的。就在他这样乱扳的时候，一时不慎，分波器掉进茅坑里去了。这种炫耀的后果是徐亮事先没有料想到的。他按捺不住自己的火气，顺势把何东升的耳塞子抢过来，扔到地上，一脚踩得粉碎。两人就这样打起来了。

"我懂得了！"贾玉芝制止他们的争吵说，"你们两个人都不对，自习的时候就不应该溜开去玩这些东西。还要打架！这怎么讲得通！"

这哥俩儿现在可就是讲不通。徐亮百分之百地认为自己有理，认为自己吃了亏，受了委屈，因为他的分波器价钱高，而且新。照他的说法，何东升的那个廉价品算不了什么，把它踩坏还弄破了鞋底呢。因此他坚持，何东升必须赔偿他的分波器，不然他决不罢休。何东升则说他的那个耳塞子是一件活宝，攒了半年零花钱才买到的，他不知什么时候才能再攒到那么多的钱——而且就是攒得了也不一定能碰到那么便宜的耳塞子。他气得几乎要哭出来。

张兰平站在旁边急出了一身汗。眼看天要黑了，她自己家里的米还没有淘，炉子也没有加煤，爸爸马上就要下班回来，肚子一定饿了，那可怎么办？贾玉芝只顾讲大道理，要求这两位"哥儿"做完作业，再谈赔偿的问题。无奈他们两人就是不听。看样子，他们把那点零件看得比命还重要。张兰平急得连连跺脚。她实在找不出什么话来处理这两位"哥儿"的纠纷。最后她的头都被吵昏了，只好偷偷地回到自己房间里去，把她床头边那个亲手做的矿石收音机拉过来，一口气拆下了机子上的分波器和耳塞子，也顾不得考虑自己怎样再攒钱买，就拿着走出来了。

"我送你一个耳塞子好吧？"她对何东升说，把耳塞子塞进他的手里，"只是请你再不要闹！"

何东升一得到这件东西果然不再闹了。他把这个耳塞子仔细观赏了一会儿，感到很满意，因为这比他的那个耳塞子好得多。但是当他刚要装进裤袋里去的时候，忽然又犹豫起来了。他知道张兰平的这个耳塞子得来不容易，可能比他的那个还难，因为他听说她花了将近一年的时间，才陆陆续续地买齐她那个矿石收音机的全部零件。为了这，那个夏天她连一根冰棍都不买！情况既然是如此，要不要收下这耳塞子呢？他又犹豫起来。但是他又不敢正面回答自己提出的这个问题。他就这样马马虎虎地把耳塞子装进衣袋里了。这一下子可把徐亮气恼了。

"你倒好，丢了一个坏的零件反而得到了个好的，我可吃亏了！"徐亮指着何东升的鼻子说，几乎又要打起来。

"不要急，"张兰平连忙说，"这分波器是送给你的！"

她从衣袋里掏出分波器，塞进徐亮手里。徐亮一把抓住这个零件，生怕人家抢去似的，死也不放。他现在当然再没有理由可闹了，他只好和大伙儿一同回到小组里来。

大家这时才又开始做作业。贾玉芝把那几道四则难题的做法讲解给这两位"哥儿"听。他们点了点头，又摇了摇头，似乎是懂得，又似乎是不懂得，不过他们总算是开始埋头演算了。当贾玉芝和张兰平几乎快要做完全部习题的时候，他们还只做了一道半。天已黑了，张兰平要张罗做饭。怎么办呢？作为组长的贾玉芝最后只好做出这样的决定：吃完晚饭后大伙儿再一块儿来自习，当天的功课必须当天完成。事实上，贾玉芝和张兰平的功课都已完成了。她们晚上是专门为陪这两位哥儿来的。所以这两位哥儿也只好服从组长的决定，提不出相反的理由。

这天晚上，哥俩显得分外地乖。他们确是在专心做功课。虽然偶尔会抬起头来打打呵欠，并且各上了一次厕所——不是同时去的。两人的头脑并不笨，只要态度认真，倒是没有什么东西可以难住他们的。还没有到八点钟，他们的作业都已完成了，而且他们的本子是破天荒地第一次写得干净，没有漏掉什么字，也没有在习题上滴下墨水。组长检查完毕以后，大家就回家去了，但是何东升走到门口忽然又回转来了。他的脸色发红，似乎是有点不好意思的样子。他从衣袋里掏出一件东西，塞在张兰平手里，吞吞吐吐地说："还给你吧！徐亮把我的耳塞子踩坏了，我自认倒霉，但我不能要你赔，因为你得到它也不容易。"

何东升的这种态度真是出乎意料，使两位女同学十分惊奇。张兰平紧紧握着他那只交还耳塞子的手，感动得几乎要流出眼泪来。贾玉芝也热情地在何东升的肩上拍了一下，表示称赞。只有徐亮是稳如泰山，非常冷静，望了一眼何东升，鄙弃地啐了一口，就头也不回地走了。他觉得何东升故意装大方，是个"伪君子"。

"要是真正那么慷慨，起初你就不该接受！"他想。但是他的心情并不舒畅。在黑夜走了一阵子，经过冷风一吹，他开始感到他的脸有点热起来了。何东升的行动等于"将"了他一"军"，固然可恨，但仍不失为一种慷慨的表示。他知道，何东升在三个月之内再也不会积攒到足够的钱买一个耳塞子了，但是现在到了手的东西他却愿意交还给原主，这应该是一个相当重大的牺牲呀。至于自己呢，爸妈常给零花钱，买个分波器和耳塞子，少看几场戏就得了。但是自己却这样斤斤计较，连做梦也没有想到应该把张兰平的东西交还给她。这样说来，自己算一个什么样的"英雄"呢？平时还要说这个人"寒酸"，那个人是"笨虫"！……当他回到家的时候，他的脸已经烧得通红了。妈妈一见到他就说："你怎么的？脸红得像一个熟桃子，是不是被风吹病了？"

他放下书包，轻轻地摇了摇头，没有正面回答妈妈的问题。于是他脚也没洗，就倒床上蒙着头睡去了。可是他睡不好，他倒真的觉得有点像生病的样子。他的头脑发胀，精神恍惚，一夜醒了好几次。

第二天他脸上的红退了，有点发白。平时的那股得意劲儿也消失了，他的头也有点儿垂下来了。听课的时候，他坐着一动也不动，态度比平时正经得多，没有一次回过头去和后面的同学讲话。老师注意到了他的这种改变，心中还暗喜呢！下午在小组自习的时候，他也意外地变得老实起来。他没有用铅笔敲桌子，也没有借故上厕所——当然也上过两次，但是不一会儿就出来了，而且也没有勾引何东升一同去。所以何东升也坐得住了。在这种情形下，没有两个钟头大伙儿就已经把全部的功课做完了。分别的时候，他站起来，从衣袋里掏出两件东西：一个分波器，一个耳塞子。他把前者塞进张兰平的手里，把后者送给何东升。他还说："昨天的事是我闹出来的，不应该让你们受损失。请你们无论如何收下，不然我晚上就睡不着，光做噩梦！"

张兰平和何东升两人不肯收，因为他们无法想象，怎么徐亮忽然能说出这样的话来，而且居然是这样慷慨，一下子承担了全部责任。最后还是组长贾玉芝说："你们就收下吧。"张兰平和何东升想了想，才微笑着各自收下了。至于徐亮呢？他也感到很愉快，因为他觉得现在大家总算理解他的心情和诚意了。他很友善地伸出手来，和张兰平握了握手，并且很感动地说："张兰平，你是一个好同学。我现在收回我送给你的绰号，承认错误，请你原谅！"于是他背起书包，拉着何东升的手告别了。他们在人行道上迈着步子，边说边笑，倒很像一对亲兄弟。贾玉芝和张兰平走到门口，望着他们的背影，不约而同地说：

"这次才像'哥们儿'呢！"

米卡布的海岛

野兔米卡布一家有许多孩子，要不是有一只狼老是和他们捣蛋，他们也许是一个很快乐的家庭。这只狼已经把米卡布的太太吃掉了，可他还在偷偷地监视，想把他们全吃掉。因此这一家人都为自己的性命感到恐怖。

米卡布一直在想他怎样才能对付这只狼。有一天，他拾起一粒沙子放在嘴里，含着游到海中。当他游离海岸好长一段距离以后，他把沙子从嘴里吐出来，用它造了一个小岛。这是一个非常美丽的小岛，岛上长着绿草、灌木和花卉，还有莴苣和菠菜。不过这个岛很小，虽然如此，米卡布还是对它感到很骄傲，因为并不是每一只野兔都能用一粒沙子造成一个海岛的呀。米卡布在海岛的周围蹦跳了一番，然后又游回到陆地上去。

"过来！"他对他的孩子们说。

"到哪里去？"兔孩子们问。

"到我的海岛上去。"米卡布说。

"我们可不喜欢游泳呀！"兔孩子们说，"海水会钻进我们的耳朵里。再说狼也会像我们一样游水呀。"

"叫你们去，你们就得去！"米卡布说，"你们照我的话办好了。"

于是，兔孩子们游到海岛上去了，水也真的灌进了耳朵。他们全身都湿透了，一个个都是愁眉苦脸的样子。兔孩子们把耳朵里的水挤出来，然后就在草地上打滚，把身上的皮衣擦干。这时，他们看到水中有个黑乎乎的东西游过来，水面上冒出一个灰色的脑袋，一条红赤赤的舌头和一根长长的尾巴——尾巴尖上还有一大堆蓬松的毛。

"瞧！"兔孩子们齐声喊道，"狼在我们后面跟上来了！"

"你们可以到海岛的另一边去。"米卡布说。

"不过海岛太小了呀！"兔孩子们哭着说，"要不让狼抓住我们，除非我们游到遥远的海面上去，但那会淹死的呀！"

"我叫你们到海岛的另一边去，你们就得到海岛的另一边去！"米卡布说，"照我的话办吧！"

兔孩子们蹦蹦跳跳地跑开了。不过米卡布还是留在原来的地方。

狼来到海岛上，抖掉全身毛上的水。这时他看到米卡布，他的一对眼睛凶狠地瞪着，背上的毛也竖起来了。

"你的孩子们到哪儿去了？"狼问。

"到岛的另一边去了。"米卡布说。

"呔！"狼说，"你这样做还是逃脱不了！你把他们带到这样一个小地方来，也太愚蠢了。我现在就要吃你们！小野兔的味道我很喜欢。"狼冷笑了一声，舔了舔嘴唇又说："可我要先尝尝你！"说罢张开大嘴，向米卡布猛扑过来。

米卡布跳到一边，把沙子扬进狼的眼睛里去。接着他一拱背，就跳开了。

狼知道，当米卡布拱起背跳的时候，是捉不住的，但他不在乎。"像米卡布这样跳跳蹦蹦，很快就会累的。"他自言自语地说，"在这样一个小小的海岛上，他们谁也逃脱不了。"

米卡布迈开步子向岛的另一边跑去。兔孩子们挤在岛的一个尖端上，面前除了海浪，什么也没有。米卡布跑到孩子们面前，坐了下来，开始啃着那嫩绿的草。

兔孩子们一个个都在发抖，连胡须都在颤动着。"狼现在离我们有多远？"他们问。

米卡布转过头来瞧了一眼说："噢，大约有四分之一里吧！"

"哎呀！我们该怎么办？"兔孩子们哭叫着，开始乱跳，想找个地方躲起来。

米卡布继续啃他的绿草。

狼一时还未来到，兔孩子们找到藏身的地方伏了下来。一只小兔子把脑袋从石头后边伸出来，低声问："狼现在离我们有多远？"

米卡布啃完草，正在洗自己的耳朵，他掉过头来，回答说："噢，大约半里路吧。"

"不过——不过——"小兔子结结巴巴地说。

"孩子们，你们只能让狼瞧见，不能让狼听见。"米卡布说完又开始理自己的胡子。这时，另一只小兔子，从埋着他的沙子里伸出头来偷看，他结结巴巴地问："狼现在离我们有多远？"

米卡布掉过头来瞧了一眼，说："噢，大约有一里远！"

狼一直迈着大步奔来，他瞧见米卡布坐着，在那儿理胡子，竖起长长的耳朵。但是，看着，看着，米卡布的身子似乎越来越小，距离也越拉越远。狼不明白这是怎么一回事。

"难道是我向后退吗？"他惊奇地问。

狼并不是在向后退，他确是在向前跑。事实是，他每向前跑一步，同时，海的浪花冲击这个小岛，使它不断向前移动着、扩大着。现在，狼和米卡布的距离，越来越远。狼远远望去，米卡布成了一个小不点儿了，再往后完全看不见了。

这时，狼已经累垮了，他不能再快步跑了，只能慢慢地挪动步子。兔孩子们从隐藏的地方出来了，他们也不明白这是怎么一回事。他们想，他们早就该被狼吃掉了。"狼现在离我们有多远？"他们问。

米卡布已经洗完全身，他正站在岸边观望着海浪。他掉过头来说："噢，大约有两里路！"

兔孩子们又一次问时，狼已经离他们三里路远了。他们再问时，距离已经是四里、五里、六里、七里路远了……小岛在不停地扩大，小灌木长成树了，树上的鸟儿在歌唱，新的小灌木又从地上冒了出来。兔孩子们笑了，开始玩起来。

日子一天一天地过去了，夜一晚一晚地消逝。狼还是在不停地走。不，他现在不是走，是在向前爬了。他的腿发痛，他的舌头挂在嘴外。日子又一天一天过去，夜又是一晚一晚消逝。夏天过去了，鸟儿停止了歌唱，树叶从树上落下来，狼还是在慢慢地爬呀爬，在他身体周围堆满了落叶。

"我一定要抓住他们！"狼喘着气说。

米卡布坐下来抽着他的烟斗，他仰望天空。"天快要下雪了，"他说，"我们大家都该冬眠了！"

于是，兔孩子们开始冬眠，都偎依在米卡布在灌木丛下筑的小屋里。

大雪落下来了，狼还在爬，他已经变得很瘦了。但是在他身上堆积了许多雪片，看上去像一个胖子。再向前爬也没用了，因为他越向前爬，海岛就变得越大。但是，他又不肯认输。

春天来了，狼身上盖的积雪融化了，他只剩下一层皮包着骨头，他还是在爬。兔孩子们醒转来了，他们在阳光下唱歌跳舞。"狼现在离我们有多远？"他们问。

米卡布回过头来瞧了一眼说："噢，大约有一千里远！"

"一千里远！一千里远！"兔孩子们又跳又笑，"狼还能走近我们吗？"

"不能！"米卡布说，"他会离开我们越来越远，直到老死为止。"

"这就是他的结果吗？"兔孩子们问。

"是的，这就是他的结果！"米卡布说。

狼的结果的确就是这样。

选自《神奇的石头》，宁夏人民出版社，1985年3月

苹果的故事

马丁和他的爷爷奶奶住在一个大苹果园里。他们的房子在苹果园的正中央。从他记事起，园里就是数不尽的苹果树。它们在春天开满了花，秋天挂满亮晶晶的果实。当然，下了大雪以后，它们只剩下光秃深灰色的枝丫和躯干。只有黄鹏，跟知更鸟一样，是苹果园常来的客人。到了秋天，鹿儿当然也常常来，来吃落到地上的苹果。在这些苹果树之中，马丁也有他自己喜爱的朋友。这就是那些形状特殊的树。它们枝丫的布局很巧妙，似乎是专门为了使他可以爬上去，舒舒服服地坐在它们上面，他一坐就是几个钟头，欣赏那些青枝绿叶。

除了这些树，马丁再也没有其他的朋友了，因为苹果园里只有爷爷和奶奶，其他什么孩子也没有，而爷爷和奶奶每天又只知道忙着干活。不过有一天，他在顶楼上玩，忽然看见了几本破旧的书。这些都是他爸爸小时候读过的东西。马丁就拿起一本开始读起来，而且越读越觉得有趣，结果就把所有的时间都用在读书上。他的爷爷当然不高兴了。

"把那本书放下来！"有一天爷爷生气地说，因为马丁吃午饭来晚了，"你可不能让你的脑袋装满书里的那些糊涂东西啦，马丁。你如果不认真地干活。不把你的脑子放在苹果树上，你就永远也不会成为一个能干的种苹果树的人。快点！今天下午你得到苹果园去帮助我修剪果树。"

马丁爱他的爷爷，超过爱任何人。他想，他长大以后，也要像爷爷一样，成为这个大苹果园的种苹果能手。不过那本书里的故事还没有看完，因此他在脑子里老是惦记着它——那整个早春的下午就是如此。

"马丁！"他的爷爷又不得不叫喊起来，"你聋了吗？把修枝剪刀递给我！"

但是，马丁心里还在记挂着那个故事。这是一个关于一位公主和一个巫婆以及她施展魔法的故事，情节很紧张。他心里一直在揣度这个故事的结局。因此他就忘记要把梯子的双腿扶稳，也忘记了他得把剪下的那些枝子堆在一起，以便焚化作为肥料。他把活都干错了。爷爷对他讲的话他都没有听进。这确实叫爷爷感到恼火。

最后他无意中干了一件更可怕的事。

他的爷爷站在一棵苹果树的最高枝子上，脚下就是梯子。马丁一直迷迷糊糊地想着那个故事，爷爷说什么话他也听不清楚。他惊了一下，迷迷糊糊把梯子靠在另一棵树上。很明显，这是他干的一桩最傻的事。如果他真正用用脑子，他就决不会干这件傻事的。但是他的脑子仍然纠结在有关那个巫婆的故事上面。

过了一会儿，他听到一个叫声，接着啪嗒一声巨响：他身后有东西坠下来了。

他惊恐地掉转身来，瞧了一眼。

"哎呀！爷爷！"他大叫了一声，向一个躺在地上的人奔跑。

"那个糟糕的梯子在哪儿？"爷爷质问着，"你把它挪到哪儿了？这太过分了！"

老爷爷慢慢地爬起来了。站在马丁面前，瞪着他。

"我想你是一个糊涂蛋。"爷爷慢声地说。说完他掉转身。再也不吭声，就一瘸一拐地向他的屋子走去。

"爷爷，真的很抱歉！"马丁在他后面喊着，非常难过。

"当糊涂蛋是不成的！"爷爷回答说。他再没说话。过了一会儿，他的身影就在苹果树那些灰色躯干和互相交叉的枝子间消失了。

外面还是相当寒冷，但马丁感到非常后悔，不愿意回到屋子里去。他漫无目的地往前去，穿过那块种麦克托施苹果树的地方，又走进包尔得温苹果树丛中去，然后又从那里走到山另一边一块青皮苹果树丛中去。他的爷爷种了许多不同品种的苹果树，为的是供应各种不同的需要：早熟苹果是为了夏天的食用，晚熟苹果是为了冬天的食用；还有的品种是专用于烹调，另外有些品种则是用于晒成干果，或是制造果子酱。

"不过最完美的苹果我们至今还没有发现，"老爷爷平时总喜欢这样说，"也许我这辈子也发现不了。"他还补充说，"我听说过许多新品种，我也尝试过，但是我总觉得它们多少都有缺点。"

马丁爬到山顶上。他望着下面许多连绵不断的苹果园发呆，他又冷，又难过。

"我多么希望我能发现最完美的苹果品种啊，"他心里想，"那时爷爷也就不会说我是一个糊涂蛋了。对于优美的苹果品种，他看得比皇冠还要贵重。"

一提起"皇冠"，他就又想起了他没有看完的那个故事。但他还是决心把这个故事从他头脑中赶走。它给他带来的麻烦太多了。

过去他从来没有离开屋子这么远，只有偶尔才到外边的村子去一趟。现在他向周围景物瞧了一眼，他发现不太远的地方有一个小小的红色农舍。它坐落在一块空地上，那里有一些小松树，它们正在生长。农舍的烟囱也在冒烟，但在它的附近却看不见一个人影。

"那一定是蒂尔犹·多玛斯住的地方，我听到奶奶谈起过她。"他想。

他闷闷不乐，正要掉转身向回家的路上走，忽然听到一只猫"咪咪地"叫了两声。声音是来自不多远的一座矮石墙那边。

马丁非常喜欢猫。他向声音传来的方向望去。不巧他的视线正对着一个矮小的老妇人的眼睛。她的脑袋正好与那座矮石墙一般齐。她的腰也很弯，只能挂着拐杖走路。她的样子正像那本故事书中的巫婆，只是她穿的一件旧红毛线衣不同。

"出了什么事？"她尖声地问，"我不会咬你呀！我想你就是马丁吧。嗯，马丁，我就是蒂尔犹·多玛斯。我的这只猫叫多玛斯·多玛斯。我现在出来为的是想拔掉几株破坏我的饲料地的小松苗。可是这些日子我的关节痛得厉害，力气也没有了。我只有待在屋子里才好过一点。"

马丁没有讲话。蒂尔犹又看了他一眼，他们的视线正好又相遇。

"看你的样子也很冷，"她忽然说，"进来，我请你喝杯茶、吃点点心。"

这样客气的邀请，马丁不好意思拒绝。不过他跟在这个老妇人和那只猫后面走向小红屋的时候，他的心可跳得非常厉害。不过，一到屋子里面，一切东西倒是非常干净整齐的。网线袋里装着的是上了色的鸡蛋，挂在壁炉台的正中间。屋子里的每一张椅子靠背和扶手上都覆上一块上了浆的白布。墙上挂着的许多画，也覆着缎子做的帷幕，它们向两边分开，每一边用鲜艳的丝带系着。看上去你就好像是向窗外眺望一样：有时候好像是看到海面，那里有一艘船正在暴风雨中往下沉。但更奇怪的是，你好像是看见多玛斯一家人的巨幅照片，这些人好像通过窗玻璃正在向你看。

关于巫婆的家，马丁知道得很少，而这位蒂尔犹·多玛斯老姑奶奶看来也确定像一个巫婆。总之，他觉得这房间非常怪。

"如果我要逃走，"他想，"那些帷幕下边的面孔一定会向她喊，说我要逃走。"

因为他就决定仍然待在这个屋子里。

不一会儿，老妇人又一瘸一拐走进来，手里托着一个盘子。她把盘子放在一个低矮的茶桌上。她有关节炎，所以她坐下来的动作很慢。

"温暖的东西是很好喝的。"她说，同时她给马丁倒了一杯茶。茶是用热水和牛奶做的，还加了一茶匙蜂蜜。现在她一坐下，样子看起来就和平常人没有两样。她喝她自己的一杯茶。盘子里放着一大堆点心。

"我希望这些点心里没有什么魔法，"马丁一边吃点心，一边这样想。但是他抬起头一瞧，他很惊奇地发现，蒂尔犹·多玛斯确是有一张非常可爱的面孔。她问他，为什么他看起来不快乐？他把事情的经过告诉了她。

"嗯——"她发出这样一个声音，对自己点了点头。

"我不希望爷爷把我看成是一个糊涂蛋！"马丁几乎要哭出声来。

蒂尔犹沉默了一会儿，什么话也没有说。

"不要这样苦恼吧，"最后她开口了，"事情总是会变化的。今天的事情总不会像是昨天的事情或者明天的事情。据我看，只要你下定决心，要做一个优秀的种苹果树的人，像你的爷爷一样，总有一天你会达到这个目的。"

"真的吗？"马丁迫切地问。

"一点也不错。"蒂尔犹说。她的语气是那么肯定，马丁也感到了一些安慰。

"我也有我的苦恼，"她说，"我现在一天一天地感到孤独了。"

"是这样的吗？"马丁关切地问，"我也是这样呀。你愿意我把我的书搬到这里来吗？它们可以叫你不感到孤独。而且我还可以常来和你聊些书里的故事。"

"我当然愿意。"老妇人说。

从此以后，马丁和蒂尔犹·多玛斯就成了很要好的朋友。马丁常常来看她，而且凡是她干不了的活计他都替她干，比如打扫天花板各个角落里的蜘蛛网，敲打地毯上的灰尘，等等。他甚至还为她拔掉她屋子周围的一些不需要的小松树。

"我讨厌侵占饲料草的松树，"她说，"即使现在我没有气力割这些饲料草，但是饲料草场不能让松树在上面长啊！"

她是一个有条理的人，因此她要求她周围的一切东西也有条理。但她是一个孤独的人，一生没有结过婚，所以也没有孩子。像马丁的爷爷一样，她也是一个喜爱种苹果的人。她一生的精力就花在果树上面。对于一个独身妇女来说，这是一件不容易的事。她一天从早忙到晚，很少有时间去走访亲戚朋友，而这里除了苹果树，她也没有什么亲戚朋友。人们不知道她在这里怎样过她的日子，因此听到她名字的人就认为她是一个怪物，甚至巫婆。

马丁替她干了活以后，她总是用热茶、糕饼和巧克力点心来款待他。在这同时，他们就谈论他所带来的那些书中的故事。

对马丁来说，在家里干活跟帮助蒂尔犹干活，情况有些不同：在家里，爷爷和奶奶总觉得他碍手碍脚，没有他在旁边，活倒似乎干得快一些。在这里，蒂尔犹需要人帮忙，他无论干什么活都受到欢迎。因此马丁干得也起劲。蒂尔犹也指点他怎么干会更好；久而久之，在帮助这个老姑奶奶干活的过程中他学到了许多东西。最后家里的爷爷也不止一次地称赞他："你现在干活很得力了，马丁。"可是爷爷还是忘记不了，他有一次把扶梯从他脚底下抽走。

夏天来了，又过去了。马丁要是能感觉到他的爷爷现在很喜欢他，那么他就应该说是一个很快乐的人了。但情况还不完全如此。

"你的爷爷对你有看法，我想你还在为这事感到苦恼，"蒂尔犹有一天对他说，"我有一种感觉，不久将会有某种事情发生，那会叫你爷爷高兴。但究竟是什么事，我现在一时还说不清楚。不过这件事情一定是会发生的。我现在有点累了，我要到卧室里去休息一下。你为什么不也到屋后杂草山上去走走呢？你为什么不和猫咪多玛斯到那儿去探探宝呢？记住，多用脑子就得了。"

　　这是美丽的九月的一天，气候温和，到处呈现出一片金黄的颜色。猫咪多玛斯和马丁慢慢地爬上山，走上一条小径，这条小径通向一排排倾塌了的鸡窝。那边的地上长了一些松树和几棵铁杉，还夹杂着一些山毛榉。它们的叶子已经黄了，被它们的灰色树皮衬托着就显得更黄。马丁和猫咪走了一会儿，就来到一块空地上。这儿有一块低洼地，曾经有一个地窖。有几棵卷丹在这儿生长着——无疑这儿曾经是一个庭院。人们在这儿仍然可以看到一堆烂砖——这是一个烟囱的遗迹。再远一点，在一个坍塌了的院墙前面有一大块空地。这里大概曾经是一个果树园。但它现在也没有空着，中间有一块土地整理得非常平整，倒很像一个小小的果树试验场。这里也长着几棵年轻的苹果树。

　　猫咪多玛斯在一股小泉水的附近兴致勃勃地寻找兔子，马丁则站着向周围眺望。他在思考过去曾经在这里生活和工作过的人们：他们可能是谁呢？他们是怎么个样儿呢？也许他们就是蒂尔犹·多玛斯姑奶奶的祖先吧？他们有同样灰色的眼珠，就像蒂尔犹姑奶奶的眼珠一样？

　　忽然他似乎听到了蒂尔犹的声音："记住，多用脑子就好了。"这是她刚才不久对他说的话。多用脑子是什么意思呢？他焦急地问着自己。

难道那个坍塌了的烟囱下面埋有宝藏吗？他要不要开始挖掘呢？

难道在那远处的橡子树后面藏着一只熊，他得赶快逃开吗？

难道有一件什么东西落进那地窖里去了，他得赶快捞起来？但那里什么也没有。

来到这块平地的唯一动物只是几只黄鹿。他在那泉水旁边可以看到它们的足迹。也许它们是到那里去喝水吧，更可能它们是到那里去找野苹果吃。

野苹果！也许蒂尔犹叫我多用脑子就是指这个东西。

但是谁都知道，野苹果小，而且味苦。谁愿意吃野苹果呢？不过，他想他还是不妨尝尝。除了这，一个小孩还能在什么东西上多用脑子呢？

马丁走过去，拣起一个落下的苹果，咬了一口。他在家里是常常吃苹果的，但他却从来没有吃过一个这样的苹果。它红得发亮，汁水又多又浓，好像里面还含有香料。他又咬一口，真是味道香甜鲜美！这真是天然的美味！马丁兴奋得不得了，把落在地上能找到的苹果统统捡起来，盛满了一帽子。

他连忙沿着小径跑回来，小猫多玛斯跟在他后面狂追。

"蒂尔犹姑奶奶！蒂尔犹姑奶奶！"他还没有达到她可以听见的距离就喊起来，"我找到了！我找到了！我找到了最好的苹果！"

他远远看到老姑奶奶的身影几乎弯到地上，靠门框站着，她那布满了皱纹的面孔刚接近门的把手。

"祝你幸运！"她对他喊，"你跑回家吧！以后再告诉我你的发现。"

他爬过那坍塌了的院墙，翻过小山，边喘气，磕磕绊绊的。终于穿过了果树园，奔回到家里来。

"爷爷！"马丁喊，"爷爷！尝尝这苹果！尝尝这苹果！"

只要是苹果的新品种，爷爷总要尝尝。他从马丁的帽子里拿过一只来，咬了一口。一个惊奇的表情在他脸上出现了，接着他又咬了一口。

"这苹果你是从哪里弄来的，马丁？"他问。

从这句话里，马丁看出爷爷尝出这种苹果的味道来了。这苹果真有一种惊人的味道。

"在蒂尔犹姑奶奶的屋子后面，在杂草山脚下找到的。你喜欢这苹果的味道吗，爷爷？

爷爷又认真地咬了一口，嚼了几下。

"我觉得这苹果已经接近完美的程度了，完美呀！"他说，"我看这个苹果的价值比我们整个的果园还大。你今天创造了苹果的历史，马丁。你是怎样发现它的？

马丁记起了一件事情。

"是蒂尔犹姑奶奶告诉我去发现它，"他说，"她叫我多用脑子。我不了解她是不是早就知道那里有这样好的苹果。"

"这个很难说，"爷爷说，又把苹果咬了一口。"她是一个很奇怪的人，平时她不大和人来往，我们也没有工夫去看她，也不知道她一人在那里做些什么事情。好，马丁，我们这次得去看看她，让她也尝尝这种好苹果。"

他们爷孙俩这次郑重其事地去看望这位老妇人。他们一进门蒂尔犹就对他们说："你们是送'红马丁'苹果来给我尝的吧？"她笑着说，"谢谢你们。但是我早已尝过了，要不我就不会叫你去寻找它，马丁。"

"它的味道真好，姑奶奶！"马丁说。

"但是我一直没有给它找到一个合适的名字，"蒂尔犹仍然微笑地说，"可是今天我找到了——'红马丁'。你是一个聪明的孩子，马丁，你爱劳动，又喜欢帮助人，又能动脑筋。我把这个新品种用你的名字取名，是再恰当不过了。"

爷爷睁大着眼睛，惊奇起来。

"怎的，你也是一个培养苹果新品种的人？"他对蒂尔犹说，"原来这个品种是你培养出来的！我不如你，我至今还没有培养出这样好的品种！是的，'红马丁'，我要说它是一个最完美的品种。"

"我的爸爸像你一样，种了一辈子苹果，"蒂尔犹说，"他没有儿子。他临死时对我说：'接班只有靠你了。种苹果的人不单是种苹果，还得不断培养新的品种。'我总算培养出了一个新品种——'红马丁'。"于是她把视线转向马丁，继续说，"马丁，下一步就要看你的了。培养真正'最完美'的苹果，这工作还得由你来做，因为你是我们这里最年轻的人，一个唯一的接班人。"

蒂尔犹的这几句话一下子使得爷爷了解到了许多事情，也使马丁懂得了许多事情。在告辞的时候，爷爷郑重其事地对孙子说："让'红马丁'这个名字永远提醒你：你是一个种苹果人的后代，你将来不仅要把这里的苹果都种好，还得对苹果的品种有新的创造。"

课本里的作家

序 号	作 家	作 品	年 级
1	金 波	金波经典美文：第一辑 树与喜鹊	一年级
2	金 波	金波经典美文：第二辑 阳光	
3	金 波	金波经典美文：第三辑 雨点儿	
4	夏辇生	雷宝宝敲天鼓	
5	夏辇生	妈妈，我爱您	
6	叶圣陶	小小的船	
7	张秋生	来自大自然的歌	
8	薛卫民	有鸟窝的树	
9	樊发稼	说话	
10	圣 野	太阳公公，你早！	
11	程宏明	比尾巴	
12	柯 岩	春天的消息	
13	窦 植	香水姑娘	
14	胡木仁	会走的鸟窝	
15	胡木仁	小鸟的家	
16	胡木仁	绿色娃娃	
17	金 波	金波经典童话：沙滩上的童话	二年级
18	金 波	金波经典美文：一起长大的玩具	
19	高洪波	高洪波诗歌：彩色的梦	
20	冰 波	孤独的小螃蟹	
21	冰 波	企鹅寄冰·大象的耳朵	
22	张秋生	妈妈睡了·称赞	
23	孙幼军	小柳树和小枣树	
24	吴 然	吴然精选集：五彩路	三年级
25	叶圣陶	荷花·爬山虎的脚	
26	张秋生	铺满金色巴掌的水泥道	
27	王一梅	书本里的蚂蚁	
28	张继楼	童年七彩水墨画	

序　号	作　家	作　　品	年　级
29	张之路	影子	三年级
30	曹文轩	曹文轩经典小说：芦花鞋	四年级
31	高洪波	高洪波精选集：陀螺	
32	吴　然	吴然精选集：珍珠雨	
33	叶君健	海的女儿	
34	茅　盾	天窗	
35	梁晓声	慈母情深	五年级
36	陈慧瑛	美丽的足迹	
37	丰子恺	沙坪小屋的鹅	
38	郭沫若	向着乐园前进	
39	叶文玲	我的"长生果"	
40	金　波	金波诗歌：我们去看海	六年级
41	肖复兴	肖复兴精选集：阳光的两种用法	
42	臧克家	有的人——臧克家诗歌精粹	
43	梁　衡	遥远的美丽	
44	臧克家	说和做——臧克家散文精粹	七年级
45	郭沫若	煤中炉·太阳礼赞	
46	贺敬之	回延安	八年级
47	刘成章	刘成章散文集：安塞腰鼓	
48	叶圣陶	苏州园林	
49	茅　盾	白杨礼赞	
50	严文井	永久的生命	
51	吴伯箫	吴伯箫散文选：记一辆纺车	
52	梁　衡	母亲石	
53	汪曾祺	昆明的雨	
54	曹文轩	曹文轩经典小说：孤独之旅	九年级
55	艾　青	我爱这土地	
56	卞之琳	断章	
57	梁实秋	记梁任公先生的一次演讲	高中
58	艾　青	大堰河——我的保姆	
59	郭沫若	立在地球边上放号	